KB191100

처음 읽는 감염병의 세계사

처음 읽는
감염병의 세계사
The World History of Infectious Diseases

나이토 히로후미 지음   서수지 옮김

탐나는책

코로나-19 사태는 인류와 감염병 사이의 공방전에 새로운 장을 열었다

2020년, 세계는 다시금 감염병의 공포에 몸서리를 쳤다. 코로나-19라는 신종 감염병의 세계적인 대유행으로 각국의 경제는 마비되었고, 많은 나라에서 여태까지 겪어본 적이 없는 수준으로 사람들의 자유를 제한하였다. 감염병은 21세기, 지금 우리가 사는 세상을 완전히 뒤흔들어 놓았다. 사실 감염병은 21세기에 이르기까지 세계사를 움직이는 한 축이었다. 감염병은 한 나라를 멸망시키거나 한 민족을 사라지게 만들기도 했지만, 한편으론 새로운 시대를 낳는 산실이 되기도 했다.

인간 사회는 정체불명의 역병에 오랜 기간 동안 수동적으로 대응해 왔다. 그러다 19세기에 세균과 바이러스를 발견하고 위생 관념이 보급되면서 인간은 감염병과의 싸움에서 전세를 뒤집을 승부를 걸기 시작했다. 바야흐로 '감염병을 제패하는 자가 세계를 제패하는 시대'가 온 것이다. 20세기까지 감염병 대응책은 나날이 발전했고, 그때까지 수많은 사람의 목숨을 앗아간 페스트와 천연두도 더 이상 공포의 대상이 되지 않게 되었다. 열대 지방에서 유래한 한층 위험한 감염병이었던 말라리아도 마찬가지이다. 인류는 DDT를 살포해 말라리아 원충의 매개체가 되는 학질모기를 박멸함으로써 말라리아의 감염 위험성을 급감시켰다. 인간 사회가 주의해야 할 감염병은 기껏해야 인플루엔자 정도가 되었고, 감염병을 정복해 이로부터 완전히 자유로워지는 꿈같은 시대가 머지않아 찾아오는 듯했다.

그러나 2020년 코로나-19라는 신종 감염병이 대유행하며 감염병 정복은 성급한 환상이었음이 드러났다. 미지의 감염병은 얼마든지 존재하고 우리가 사는 사회를 언제든 덮칠 수 있었던 것이다.

한편 일부 전문가는 말라리아 퇴치가 새로운 감염병을 불러들이는 요인이 되었다고 지적하기도 했다. 제2차 세계대전 후 각국이 말라리아 퇴치에 나서면서 감염병 대책이 점차 진화하였고, 이 시기 세계적으로 인구가 폭발적으로 늘었다는 것이다. 늘어난 인구를 부양하기 위하여 삼림 벌채와 각종 개발이 진행되었고, 그 과정에서 인류는 그때까지 접점이 없었던 동물과 접촉하여 새로운 종류의 감염병이 사회에 스며드는 걸 막지 못하게 되었다.

인간 사회를 습격하는 감염병은 대부분 동물에게서 비롯된다. 제2차 세계대전 후 그 존재가 밝혀진 에볼라 바이러스와 후천 면역 결핍증AIDS을 일으키는 인체 면역 결핍 바이러스HIV는 모두 원숭이에게서 유래한 것으로 추정된다. 2003년에 유행한 중증 급성 호흡기 증후군SARS과 2020년에 대유행을 초래한 코로나바이러스는 박쥐로부터 왔다고 알려졌다. 최초로 원숭이나 박쥐와 접촉한 한두 사람에 의해 바이러스가 인간 사회에 들어오고 서서히 퍼져 나가는 것이다.

그런 의미에서 2020년 코로나-19 대유행은 감염병과 인류 사이에 새로운 공방전을 알리는 서막에 불과하다. 우리는 인간과 감염병이 무대 위에서 본격적으로 맞붙기 전에 펼쳐지는 막간극을 실시간으로 보고 있는 게 아닐까. 인간이 밀림 깊숙이 발을 들여 개발하는 순간, 미지의 바이러스와 세균에 의한 새로운 감염병은 언제라도 대유행할 수 있다. 이 공방전의 결말을 예측하기 어려울 정도로 코로나-19 대유행은 이미 새로운 국면에 접어들었다.

인간이 생존 영역을 확장하고 세계화를 진행할수록 감염병

확산으로 인한 위험의 수준이 덩달아 높아졌다. 13세기 몽골 제국의 유라시아 대륙 정복은 유라시아 대륙에 페스트가 활개칠 수 있는 길을 열어주었고, 14세기 이후 세계적인 페스트의 대유행을 초래했다. 이로 말미암아 몽골 제국은 무너져 내렸고 중국에는 명이 성립되었다. 유럽 역시 크리스트교가 지배하던 시대가 막을 내렸다. 역사는 반복된다고, 21세기에도 이와 비슷한 역사가 반복되지 않으리란 법은 없다.

이 책은 감염병이 세계에 어떤 영향을 끼쳤는지 추적하여 세계사를 바꾸어놓은 순간들을 찾고자 한다. 이 중 괴혈병과 각기병은 감염병이 아니나, 한때는 감염병으로 취급되어 세계사의 판도를 바꾸어놓았기에 소개하였다. 감염병은 아니지만 괴혈병과 각기병 같은 온갖 질병과 인간은 지금까지 끝없는 공방전을 되풀이하고 있기 때문이다.

나이토 히로후미

2장

중세 서유럽,
권력 투쟁의 향방을 좌우한 감염병

3장

몽골 제국의 시대,
페스트가 유라시아 대륙을 덮치다

4장

신항로 개척으로 인한
유럽의 재편과 신대륙의 비극

5장

발전된 과학으로 감염병을 다스린 나라가
세계를 제패하는 시대

6장

방역 체제를 구축한 인류는 왜 다시금
팬데믹의 습격을 받았나?

1장

역병이 낳은 종교,
제국의 멸망과
민족의 이동

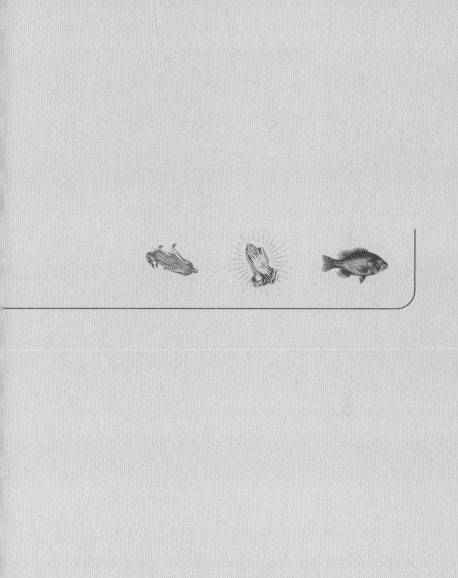

세계 종교의 탄생

역병 다발 지역에서 형성된 크리스트교, 불교, 이슬람교

예부터 인간 사회는 감염병과 동고동락하며 흥망성쇠의 과정을 거쳤다. 어느 정도 문명을 일군 사회는 통과 의례처럼 감염병의 습격을 받았고, 감염병을 극복함으로써 새로운 사회와 문명을 완성할 수 있었다. 그리고 그 문명의 시발점에는 세계 종교가 있었다.

고대부터 중세에 걸쳐 세계 종교, 혹은 그 기반이 되는 종교를 낳은 고장은 중동에서 인도에 걸친 지역이었다. 팔레스타인에서 유대교와 크리스트교가 탄생했고, 인도에서는 브라만교, 불교, 힌두교, 자이나교가 등장했다. 인도와 팔레스타인의 중간 지대에 자리한 이란에서는 선과 악의 이원론을 내세운 조로아스터교가 성립하였고, 아라비아반도에서는 이슬람교가 탄생했다.

중동에서 인도에 걸친 지역에서 보편성이 높은 세계 종교가

탄생한 건 결코 우연이 아니었다. 이 지역은 고대부터 농경이 발달해 역병이 빈발하던 지대였다. 말라리아 원충의 숙주인 학질모기가 번식하기 적합한 기후였기에 말라리아가 수시로 발생했다. 알렉산드로스 대왕도 이 지역에서 말라리아에 걸려 병사한 것으로 알려져 있다.

중앙아시아의 풍토병이던 천연두도 문명의 전파로를 따라 중동과 인도로 옮겨 갔다. 천연두는 오늘날에는 퇴치된 지 오래인 과거의 유물쯤으로 여기는 감염병이지만, 16세기 이후 신대륙의 원주민 인구를 단기간에 급감시켰을 정도로 독성과 감염력이 강한 무시무시한 역병이었다.

중동과 인도는 농경 지대였기에 고대부터 역병이 빈번하게 발생했고 한번 유행하면 일대를 휩쓸었다. 농사에 적합한 땅이 있으면 사람들이 모여들었고, 인구가 늘어나면서 자연스럽게 인구 밀도가 높아진다. 많은 사람이 옹기종기 모여 사는 곳에 감염병 환자가 유입되면 면역력이 없는 사람들 사이에 감염병이 대유행하는 건 시간문제다. 게다가 풍요로웠던 중동과 인도 사람들은 교역을 위해 초원 지대의 유목민과도 자주 접촉했다. 유목민은 가축과 함께 먹고 자는 생활을 하다 보니 본래 천연두와 홍역, 결핵처럼 가축에서 비롯된 것으로 추정되는 감염병에 쉽게 노출되기 마련이다.

근세에 들어서는 역병의 정체가 바이러스와 세균이라는 사실이 밝혀졌으나, 고대부터 중세까지는 사람의 목숨을 줄줄이 앗아 가는 역병의 정체가 무엇인지 그 누구도 알지 못했다. 역병이 유행하면 인간 집단은 불안의 도가니에 빠져 현세에 대한 절망감으로 팽배해졌다. 바로 그 순간, 보편성이 높고 추상적인 종교가 구세주를 자처하며 등장했다.

　역병 앞에서 사람들은 신을 섬기며 절망적인 상황에서도 희망과 구원을 찾아내려 안간힘을 썼을 것이다. 왕과 신을 동일시하던 태곳적 사상은 왕이 역병으로 쓰러지면서 더는 신 행세를 할 수 없게 되자 버려졌다. 역병 앞에 한없이 무력한 왕을 섬길 이유가 더는 없었다. 대신에 어딘가에서 전래된 보편적이고 추상적인 신을 숭배함으로써 역병을 극복하고자 했다.

　이런 과정은 보편적인 세계 종교를 탄생시키는 데 기여했고, 그 세계관은 지금까지 살아남아 우리가 사는 세상에 강력한 영향력을 행사하고 있다. 역병이 없었더라면 이슬람교도 크리스트교도 불교도 없었을 것이다.

인도의 카스트 제도

토착 역병을 막기 위한 정복자 아리아인의 발상

인도의 카스트 제도는 유구한 역사를 자랑한다. 머나먼 고대 시절 브라만교가 확립되던 시기에 카스트 제도 역시 형성되었는데, 이 둘은 사실 감염병과 밀접한 연관이 있다.

『세계의 역사』, 『전쟁의 세계사』, 『전염병의 세계사』 등을 쓴 저명한 역사학자인 윌리엄 맥닐William H. McNeill은 카스트 제도와 역병의 상관관계를 지적했다. 인도를 점령한 새로운 지배자들이 인도 내에서 발생한 역병이 두려워 부족 간에 격리를 시도하면서 카스트 제도가 형성되었다는 흥미로운 가설을 내놓은 것이다.

기원전 2300년부터 기원전 1700년에 걸쳐 인도에 꽃핀 인더스 문명은 농경을 근간으로 도시 문화를 발전시켰다. 인더스 문명을 일군 주역은 드라비다어를 사용하는 민족이었는데, 기원전 2000년경부터 1000년경에 걸쳐 중앙아시아에서부터 아리아인들이 이동하면서 위기를 맞았다. 유목민이었던 아리아인들이 인더스 문명의 주역인 선주민을 빠르게 제압하고 인도 대륙의 지배자로 군림하게 된 것이다. 굴러온 돌이 박힌 돌을 빼낸 셈이다. 그리고 굴러들어 온 돌 아리아인은 카스트 제도를 정당화하는 브라만교라는 새로운 종교를 창시했다.

오늘날 인더스 문명을 대표하는 도시 유적인 하라파와 모헨조다로는 어느 날 갑자기 모든 주민이 도시를 버리고 떠난 듯한 모습의 스산한 폐허로 남아 있다. 한때는 일대에서 가장 번영한 도시로 안락한 보금자리였을 그곳을 모두가 포기하고 떠난 이유에 대해서는 여전히 수수께끼로 남아 있다. 다양한 가설이 있는데, 그중 역병에 무게를 실은 주장이 있어 흥미롭다. 정복자 아리아인들이 들여온 역병이 도시 주민 사이에 집단 발생하여 드라비다인의 수가 줄어들었고, 본래 수적으로 열세였던 아리아인들이 손쉽게 대세가 되었기 때문이라는 것이다.

하지만 아리아인 역시 본래 인도에 있던 토착 감염병에 시달리기는 마찬가지였을 것이다. 인도에는 콜레라가 이미 풍토병으로 자리 잡고 있었다. 또한 인도는 학질모기가 번식하기 좋은 기후이기에 말라리아가 활개 치기에도 딱 좋은 조건이다. 역병에 시달리던 아리아인들은 부족별 격리라는 발상에 도달했을 것이다. 서로 다른 부족 간의 접촉을 차단해 역병을 방지한다는 개념에서 착안한 발상이었다.

이 발상이 카스트라는 신분 제도로 다듬어졌다. 카스트는 크게 브라만(사제), 크샤트리아(귀족, 전사), 바이샤(농업, 목축, 상업 종사자), 수드라(노예 계급)로 신분을 나누는데, 피라미드의 가장 밑바닥에 자리한 수드라는 정복당한 선주민들로 채워졌다. 아리아인들이 선주민과의 접촉을 피함으로써 감염병에서 벗어나고자 했던 이유도 한몫했을 것이다. 참고로 브라만교를 비판하며 불교를 창시한 붓다는 크샤트리아 출신이라고 한다.

아테네 번영의 종말

펠로폰네소스 전쟁 당시 천하무적 아테네를 패배로 몰아넣은 역병은?

고대부터 감염병의 유행은 제국을 무너뜨렸고, 시대의 종말을 알리는 음산한 조종을 울렸다. 고대 아테네의 종말도 감염병이 한 원인이었다.

기원전 6세기, 페르시아 전쟁을 승리로 이끈 아테네를 비롯한 그리스의 폴리스(도시 국가)는 번영기를 맞이하였다. 이 중 아테네는 민주정의 기반을 다지며 활기차고 합리적인 그리스 문화를 꽃피워 에게해 일대의 패권을 장악하였다.

그러던 중 기원전 431년 펠로폰네소스 전쟁이 발발하였다. 펠로폰네소스 전쟁은 아테네가 중심이 된 델로스 동맹이 뛰어난 지도자 페리클레스의 주도하에 힘을 키우자, 스파르타를 중심으로 코린토스 등이 펠로폰네소스 동맹을 맺어 도전장을 내민 패권 다툼이었다.

그리스의 폴리스는 모두 각기 다른 개성을 자랑했다. 아테네는 전통적으로 해군이 우수하였고, 스파르타는 육군이 강했다. 전쟁 초기에는 페리클레스의 탁월한 지휘가 빛을 발한 아테네에 유리한 방향으로 흘러갔다. 그런데 하필 농성 작전이 한창이던 기간에 아테네에 전염병이 돌기 시작했다.

아테네 성벽 안에는 전투에 대비하여 병사들이 대거 밀집해 있었다. 인구 밀도가 높아진 아테네 성 안을 역병이 덮치자 이내 곡소리가 끊이지 않으며 줄초상이 났다. 역병의 마수는 군인과 민간인을 가리지 않고 공평하게 덮쳤다. 아테네의 인구는 순식간에 3분의 2로 줄어들었다. 시신을 매장할 장소가 부족해 신전에 유해를 산더미처럼 쌓아두었다는 기록이 전해질 정도였다.

시신이 방치되자 도시의 위생 상태가 열악해졌고 역병은 더욱 기세등등하게 아테네 성 안에서 활개를 쳤다. 고약한 냄새를 풍기며 썩어 문드러지는 부패한 시신 무더기를 지켜봐야 했던 주민들의 불안은 커져만 갔고, 도시의 치안은 나날이 불안정해졌다. 엎친 데 덮친 격으로 든든한 지도자였던 페리클레스마저 역병으로 쓰러져 그대로 눈을 감았다.

아테네를 습격한 역병이 무엇이었는지는 도무지 알 길이 없다. 페스트라는 설도 있고 말라리아라는 설도 있다. 어느 쪽이 맞는 말이든 상관없이, 역병이 아테네에서 자연 발생하지 않

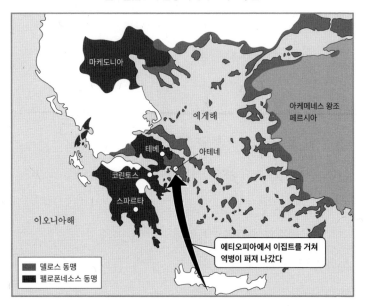

펠로폰네소스 전쟁 시대의 그리스 주변

마케도니아

아케메네스 왕조
페르시아

에게해

테베

아테네

코린토스

스파르타

이오니아해

에티오피아에서 이집트를 거쳐
역병이 퍼져 나갔다

■ 델로스 동맹
■ 펠로폰네소스 동맹

은 것만은 확실하다. 에티오피아에서 발생한 역병이 이집트를 넘어 아테네를 덮친 것이다. 아테네는 교역이 활발했던 국가로, 외부와의 교류가 끊이지 않았기에 이집트에 창궐한 역병을 피할 길이 없었다.

역병이 만연한 아테네에서 절망에 빠진 시민들은 평정심을 잃었다. 광장에 모여 질서정연하게 민주주의를 논하던 아테네의 시민들은 더 이상 법률을 지키지 않았다. 술에 의존해 생업을 등한시하는 일이 허다했다. 아테네는 순식간에 아수라장이 되었다. 시민의 사기 저하는 곧 병사들의 전투 능력 저하로 이어졌고, 믿었던 해군마저 작전에 실패했다. 온갖 방책을 동원해 최후의 일전을 치렀음에도 불구하고 아테네는 스파르타를 중심으로 한 펠로폰네소스 동맹에 굴복할 수밖에 없었다. 한때는 제국으로 일컬어지며 지중해 일대를 호령하던 아테네의 태양이 저물어갔다.

아테네가 쇠락한 뒤 그리스 지역의 패권은 스파르타가 장악했는데, 안타깝게도 스파르타의 영광은 짧았다. 스파르타가 멸망한 후 그리스의 폴리스들은 무의미한 내전을 되풀이했고, 에게해 지역은 세계사라는 무대에서 집중 조명을 받는 주인공 자리에서 쓸쓸히 내려와 퇴장해야 했다.

알렉산드로스 대왕의 역병

공전의 제국을 단숨에 와해시킨 학질모기의 일격

감염병은 때로 한순간에 제국을 붕괴시키기도 한다. 거대한 제국을 일군 독재자가 감염병으로 쓰러지면 제국은 더 이상 유지될 수 없을 테니 말이다. 알렉산드로스 대왕의 제국도 그러했다.

기원전 4세기, 그리스 세계가 쇠퇴한 후 동지중해에서 세력을 키운 나라는 그리스 북쪽에 자리 잡은 마케도니아였다. 마케도니아는 필리포스 2세 시대에 이미 그리스 세계에 영향력을 행사하기 시작했다. 필리포스 2세의 뒤를 이어 스무 살의 알렉산드로스 3세(알렉산드로스 대왕, 기원전 356~기원전 323)가 즉위하였다. 혈기 왕성한 젊은 왕은 그리스를 지배하는 정도로 성에 찰 인물이 아니었다. 동방 원정에 나선 왕의 앞길은 거칠 것이 없었고, 거대한 제국 아케메네스 왕조 페르시아를 단숨에 굴복시켰다. 뒤이어 박트리아와 소그디아나를 제압하였고, 마침내 인도에 도달하였다.

그러나 원정이 길어지면서 병사들은 지쳐갔고, 알렉산드로스는 페르시아로 돌아와 잠시 숨을 고른 뒤 새롭게 정복 활동에 나서고자 했다. 그러나 알렉산드로스의 정복 활동은 계속되지 못했다. 젊은 그가 갑자기 숨을 거둔 것이다.

알렉산드로스를 덮친 죽음의 그림자는 말라리아였을 것으로 추정된다. 말라리아는 고대부터 인류를 괴롭힌 감염병으로, 고대 이집트에서도 파라오와 그 백성을 몇 번이나 괴롭혔다. 왕가의 계곡에서 출토된 무덤과 황금 마스크로 유명한 소년 왕 투탕카멘도 말라리아를 앓았다는 사실이 그의 미라를 연구한 다국적 연구팀에 의해 밝혀졌다. 고대 페르시아에서도 말라리아는 맹위를 떨쳤다. 알렉산드로스가 학질모기에 물려 고열에 시달리다 허무하게 숨졌을 때 그의 나이는 겨우 서른세 살이었다.

알렉산드로스가 급사하자 그가 세운 대제국은 하루아침에 와해되었다. 거대한 영토를 둘러싸고 후계자들이 난립해 자웅을 겨뤘고 제국은 삽시간에 분열되어 산산조각이 났다.

로마에 창궐한 말라리아

대제국의 쇠퇴와 이탈리아반도의 인구 감소

    말라리아로 알렉산드로스의 꿈이 좌절되던 무렵, 이탈리아반도에서는 로마가 신흥 세력으로 부상하고 있었다. 로마는 북아프리카의 카르타고와 치른 포에니 전쟁에서 시칠리아를 빼앗은 것을 계기로 영토를 확장해 나갔고, 기원전 2세기에는 지중해를 그들만의 바다로 만들었다. 지중해의 새로운 지배자가 된 로마는 아우구스투스 시대에 제국으로 발돋움했고, 기원전 4세기까지 '로마의 평화'라 불리는 번영을 구가했다.

    그런 로마 제국을 전성기 시절부터 괴롭힌 골칫거리가 하나 있었다. 바로 인구 문제였다. 제국의 근간인 이탈리아반도 안에서 인구가 좀처럼 늘지 않고 정체 상태에 빠진 것이다. 그때부터 로마 제국은 정체 혹은 쇠락을 피하지 못하게 되었다. 많은 인구가 곧 국력이 되던 시대였기에 좀처럼 늘지 않는 인구는 로마의 지배자들이 반드시 해결해야 할 숙제였다.

로마는 여러 개의 언덕을 중심으로 성장한 도시였는데, 한편으로는 습지의 도시이기도 했다. 습지는 학질모기가 번식하기 쉬운 환경으로, 로마 주민이 학질모기가 옮기는 말라리아에 시달렸을 것은 예상하기 쉽다. 여기에 말라리아가 자주 유행하던 시칠리아가 로마의 영토로 편입된 이후, 시칠리아를 방문한 이들이 기념품처럼 달고 온 말라리아로 문제가 한층 심각해졌다.

로마의 번영이 삼림의 파괴로 이어진 것도 문제였다. 제국 곳곳에 세워진 거대한 공공 건축물에 들어갈 목재 조달을 위해 대량 벌채가 이어지다 보니 산림이 파괴되어 홍수가 빈발하게 되었다. 홍수가 난 뒤 여름이 오면 평야 지대에는 대규모 습지가 형성된다. 학질모기가 번식하기 좋은 최고의 서식 환경이 갖추어지는 셈이다. 제국의 번영이 환경 파괴를 낳고, 환경 파괴는 말라리아를 불러일으켜 인구가 늘지 못하는 악순환의 고리가 만들어졌다.

인구가 정체되자 제국을 지킬 병사의 수도 유지하기 어려워졌다. 로마는 정복지인 속주에서 병사를 모집해 와 이 위기를 극복하려 했다. 일정 기간 동안 병역의 의무를 진 속주의 주민에게는 로마 시민권을 부여하도록 했다. 시민권을 미끼로 삼은 병력으로 제국은 외양을 유지할 수 있었으나 시민권으로 얻은 충성심을 믿을 수는 없었다.

로마의 말라리아는 고대 로마 제국의 골머리를 앓게 하는 정도로 끝나지 않았다. 로마가 멸망하고 나서도 로마의 말라리아는 중세 유럽의 곳곳에 살아남아 역사에 꾸준히 영향력을 행사했다.

안토니우스 역병

역병은 막았으나 제국의 쇠퇴를 막지 못한 마지막 현제

주기적으로 말라리아에 시달리던 로마 제국은 오현제 시대에 전성기를 맞이했다. 96년 네르바 황제의 즉위로 시작되어 트라야누스, 하드리아누스, 안토니우스 피우스, 마르쿠스 아우렐리우스가 서거하는 180년까지를 오현제 시대라 일컫는다.

그러나 로마의 영광은 길지 않았다. 오현제의 마지막 황제인 마르쿠스 아우렐리우스 시대에 이미 쇠락의 그림자가 드리우기 시작했다. 그 무렵 제국에는 심각한 역병이 만연했는데, 황제의 이름을 따서 안토니우스 역병The Antonine Plague이라 불렀다.

역병의 주된 원인은 로마 제국의 국경 확장이었다. 원래 이 병은 메소포타미아 지역에서 창궐한 것이었는데, 원정에 나섰던 군대가 제국으로 복귀하며 영내로 들어온 165년 무렵부터 안토니우스 역병이 되어 맹위를 떨치게 된 것이다.

오늘날에도 이 병의 정체가 정확히 무엇인지를 두고 온갖 추측이 난무하고 있는데, 발진 티푸스, 홍역, 천연두 등이 후보에 올라 있다. 기록에 따르면 온몸에 빨간 반점이 돋다가 오돌토돌한 발진으로 변하는데, 환자는 고열에 시달리다 사망에 이르는 치사율 높은 질병이었다. 심각할 때는 로마에서만 하루에 2,000명 넘게 사망했다고 한다. 예일 대학교 의학과의 명예 교수로 『감염병과 사회』를 쓴 프랭크 M. 스노든Frank M. Snowden은 총 사망자가 천만 명이 넘었을 것으로 추정한다.

한꺼번에 너무 많은 사망자가 나오면서 시신을 수습하여 매장할 무덤을 만들 공간이 부족해졌다. 다른 사람의 묘를 파내 가족의 시신을 매장하는 파렴치범이 나타났고, 역병 사망자의 무덤을 헤집어놓는 행위는 도시의 위생을 한층 악화시켰다. 법으로 정한 한도를 넘는 매장 요금을 청구해 폭리를 취하는 악덕 장례업자도 등장했다.

로마의 혼란은 크리스트교도 박해로도 이어졌다. 로마에서는 크리스트교 신자가 올림포스 신들을 노하게 만들어 역병이 기승을 부린다는 소문이 퍼져 나갔다. 어느 시대에나 역병이 퍼지면 주민들은 희생양을 찾아내 마녀사냥을 시작하는데, 이 시대에는 크리스트교도가 박해의 대상이 되었다.

역병으로 사회 혼란이 가중되자 국력의 쇠퇴는 피할 길이 없었다. 그 틈을 타서 게르만족과 마르코만니족이 이탈리아반도

로마 제국을 몰락시킨 두 가지 병

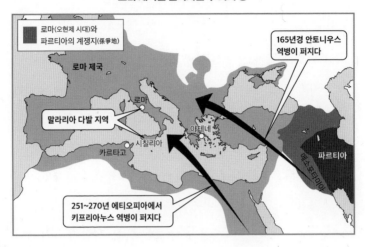

를 습격했다. 이전에는 감히 로마의 국경을 넘을 생각조차 못하던 이민족들이 국경 너머를 기웃거리게 될 정도로 방비가 허술해지자 그들을 막을 방도는 이미 없었다.

그렇게 안토니우스 역병이 로마 사회를 붕괴 직전까지 몰고 갔을 때 이를 저지한 황제가 마르쿠스 아우렐리우스 안토니우스였다. 스토아 철학을 몸소 실천한 그는 냉철하게 난관에 대처했다. 크리스트교를 혐오했기에 크리스트교도 박해는 묵인했으나, 마르코만니족의 침공에 있어서는 단호한 면모를 보여주었다. 역병으로 병사가 부족해지자 검투사까지 차출해 병력을 보충하며 대처한 결과였다. 불행 중 다행인지 로마 병사와 맞붙어 싸운 마르코만니족에게도 역병이 번져 그들 역시 차례로 쓰러졌다.

안토니우스 황제는 장지 부족 사태 등에 대처하기 위해 시민이 장례를 치를 때 공적 비용을 제공하기도 했다. 또한 타인의 묘를 함부로 훼손할 수 없게 하는 법률을 제정했고, 살 곳 없는 시신은 신전에 쌓아두도록 하였다. 역병을 통제하지 못하고 몰락한 아테네와 같은 사태를 막기 위해 필사적으로 대책을 마련했다.

안토니우스 역병은 마침내 종식 국면에 접어들었으나, 180년 안토니우스 황제는 역병에 걸려 결국 세상을 떴다. 그는 마지막으로 "역병과 많은 사람의 죽음에 관해 생각하라"는 말을 남기고 숨을 거두었다고 전해진다.

안토니우스 역병이 휩쓸고 간 로마 제국에는 격감한 인구와 파탄 난 재정만이 남았다. 제국은 더는 과거의 로마의 평화 시대로 돌아갈 수 없게 되었다. 안토니우스 황제의 뒤는 콤모두스라는 전형적인 폭군이 이었다. 로마 역사상 최악의 황제라 해서 포학제暴虐帝라는 오명을 얻은 그의 시대부터 로마 제국은 쇠퇴기를 맞이했다.

키프리아누스 역병

|

3세기, 크리스트교를 로마의 국교로 만드는 길을 연 역병

로마 제국의 전성기를 앗아간 원흉이 2세기에 발생한 안토니우스 역병이었다면, 로마 제국을 벼랑 끝으로 내몰아 멸망으로 가는 비탈길로 굴러 떨어지게 만든 주범은 3세기에 퍼진 키프리아누스 역병이었다. 키프리아누스 역병은 251년에 시작되어 270년까지 이어졌다.

이 병의 정체 역시도 수수께끼에 싸여 있다. 발진 티푸스 혹은 페스트라는 설이 있다. 어찌 되었든 이 역병이 에티오피아에서 발생해 로마 제국 안으로 들어와 퍼진 것은 확실하다. 정체를 알 수 없는 이 병은 전염성이 워낙 강해, 환자가 입었던 옷가지를 건드리기만 해도 걸릴 정도였다는 무시무시한 이야기가 전해진다.

키프리아누스 역병이 세력을 과시하던 시절, 로마 제국은 내부의 혼란과 국경선의 위기라는 이중고를 안고 있었고, 혼란을 수습해야 할 황제들은 무기력했다. 이 병이 창궐한 20여 년 사이에 무려 8명의 황제가 등장했다. 한 황제가 채 3년을 채우지 못하고 자리에서 물러나는 혼란의 연속이었다. 다수의 황제가 친위대나 사령관, 병사들에게 살해당했다. 데키우스 황제는 게르만족과의 전투에서 쓰러졌으며, 발레리아누스 황제는 사산 왕조 페르시아와의 전투에서 패해 포로가 되어 압송되어 죽을 때까지 노예 취급을 받다 숨지는 수모를 겪었다. 그나마 시해당하지 않고 목숨을 부지했던 클라우디우스 2세는 역병에 걸려 세상을 떴다. 단명한 데다 무력했던 황제들은 키프리아누스 역병으로부터 로마 시민을 구할 시도조차 할 수 없는 상태였다.

백성을 돌보아야 할 황제가 역병에 속수무책인 동안 크리스트교가 로마 시민들에게 한 줄기 빛이 되어주었다. 역병이 창궐한 시대에 크리스트교는 박해를 받으면서도 꿋꿋이 로마에 구세주의 복음을 전파했다. 당시 크리스트교의 수장은 카르타고 출신 주교였던 키프리아누스Cyprianus였는데, 그의 이름을 따 역병의 이름이 지어졌다. 키프리아누스는 퇴마 기도로 병자를 치료해 사람들의 존경을 받았고, 가톨릭에서는 교부로, 성공회에서는 성인으로 추앙된 인물이다.

기도가 실제로 병자 치료에 효과가 있었는지의 여부는 알 수 없으나, 어쨌든 당시 크리스트교 교단에서는 환자를 치료했다.

그 시절 크리스트교 교단은 현대인의 시각에서 보면 미숙하기 짝이 없는 수준이라고 할지라도 나름대로 의학 지식과 기술을 갖추고 역병에 시달리는 사람들을 간호하고 구제했다. 병마에 시달리는 사람들을 무상으로 돌보아주는 자선 단체가 없던 로마에서 아픈 사람들이 의지할 곳이라곤 종교 단체밖에 없었다. 그러다 병자가 쾌유하기라도 하면 사람들은 예수 그리스도의 기적을 보았다고 여겼다. 환자가 설령 병사하더라도 크리스트교 교단은 내치지 않고 후하게 장사를 치러주었다. 로마 사람들은 조건 없이 자비를 베푸는 그들에게서 예수 그리스도의 사랑을 발견했다.

키프리아누스 역병이 맹위를 떨치던 시대, 로마 시민들에게 있어 숭배의 대상은 황제에서 예수 그리스도로 바뀌고 있었다. 정작 키프리아누스 주교 본인은 황제의 박해를 받아 순교했으나, 로마 사회에서 크리스트교가 확고하게 뿌리를 내리고 정착하게 되는 계기가 되었다.

4세기가 되자 크리스트교는 로마 제국 내에서 공인되었고, 마침내 국교의 지위를 차지하게 되었다. 크리스트교를 양지로 올라서게 한 일련의 흐름을 만든 물살은 강력했다. 키프리아누스 역병은 새 시대를 여는 마중물 역할을 하며 거스를 수 없는 새로운 시대의 물길을 열었다.

미개척지였던 중국 화난

역병 다발 지대라 버려졌던 중국 최대의 곡창 지대

유라시아 대륙 서쪽의 제국이 감염병에 시달렸듯, 유라시아 대륙의 동쪽에 자리한 중국에서도 감염병이 어두운 그림자를 드리웠다. 고대 로마 제국이 번영과 정체를 거듭하던 시대, 한漢(기원전 202~220)이 중국을 통일했다. 로마 제국과 종종 비교되는 한은, 그러나 로마만큼 드넓은 영토를 지배하지는 못했다. 지중해 연안의 넓은 지역을 다스린 로마와 달리, 한의 중심지는 화베이華北의 중원中原을 벗어나지 못했기 때문이다.

한은 황허강 유역에서 시작해 장안과 뤄양을 중심으로 성장하였다. 한의 정복 활동은 주로 서쪽의 투르키스탄Turkistan 지역에 집중되었는데, 흔히 창장長江이라고도 부르는 양쯔강 이남의 화난華南 지방은 개발하지 않고 미개척지로 남겨두었다.

오늘날의 관점에서 보면, 화난 지방의 가치를 알아보지 못한 한의 정책은 도저히 이해할 수 없는 실책으로 느껴진다. 화난 지방은 중세 이후 중국 최대의 곡창 지대로 성장했고, 그 풍요로움은 이후 중국 왕조를 뒷받침하는 경제적 버팀목이 되었기 때문이다. 그런데 왜 한은 화난 지방을 개발하지 않은 것일까? 기름진 남쪽 땅을 놔두고, 굳이 강력한 북방의 유목 민족 흉노와 싸우며 힘들게 영토를 확장하려던 진짜 이유는 무엇일까?

한이 성장하던 기원전 1세기 무렵, 황허강과 양쯔강 유역의 인구 비율은 9대 1 정도였다. 화난의 인구는 광활한 평야 지대를 품고 있음에도 불구하고 훨씬 적었다. 그런 상황에서 한이 가능성 많은 화난을 개발하지 않은 데는 나름대로 타당한 이유가 있었다. 일단 습지대를 개간해 농사를 지을 기술이 부족했을뿐더러 무엇보다도 화난의 역병이 두려웠기 때문이다. 화난은 말라리아와 일본주혈흡충이 기승을 부리던 지역으로, 섣불리 개발에 착수하기엔 어려움이 컸다. 한마디로 애물단지 같은 지역이었다.

물론 북쪽의 화베이 지방도 감염병의 안전지대는 아니었다. 중국에서는 열병을 '학瘧'이라고 불렀는데, 차츰 말라리아를 가리키는 말로 굳어졌다. '학瘧'이라는 글자의 일부를 구성하는 '모질 학虐' 자는 표독스럽게 손톱을 세워 할퀸다는 뜻이다. 요컨대 중국인에게 있어 '학질', 즉 말라리아는 날카로운 손톱으로 사람의 몸을 상하게 하고 생명을 앗아가는 악귀같이 무서운 역병이었던 것이다. 화베이는 기본적으로 건조한 지역이었지만 수시로 범람하는 황허강이 문제였다. 강이 범람한 후에는 습지가 생겼고, 자연스럽게 학질모기가 번식하기 좋은 서식지가 만들어졌다. 화베이가 그럴진대 양쯔강 이남은 화베이와 비교가 되지 않을 정도로 말라리아가 기승을 부리던 지역이니 그 두려움이 배가 되었을 것이다.

양쯔강 이남의 화난 지방에는 습지대가 유난히 많았다. 말라리아 원충의 숙주인 학질모기가 번식하기에 최적의 조건을 갖추고 있는 이 고장에 터를 잡고 사는 이들은 말라리아와 함께 살아야 하는 숙명을 받아들였다.

하지만 말라리아는 때로 사람의 목숨을 앗아가기도 하는 무서운 감염병이다. 말라리아는 오랫동안 중국을 괴롭힌 역병으로, 20세기에 들어서까지 중국 정부의 골머리를 앓게 한 지긋지긋한 감염병이다. 중국에서 1950년대 이후 시행된 통계 조사에 따르면, 최대 연간 3,000만 명이 말라리아에 걸렸다. 통계 작성 이전에도 상황은 크게 다르지 않았을 것이다.

한편 화난 지방은 일본주혈흡충에 노출된 지역이기도 했다. 20세기에 들어서 일본인 학자가 규명한 데 따른 이름인데, 이름과 달리 예전부터 동북아시아와 동남아시아 일대에 두루 퍼져 있던 감염병이다. 당연히 화난 지방에도 일본주혈흡충이 있

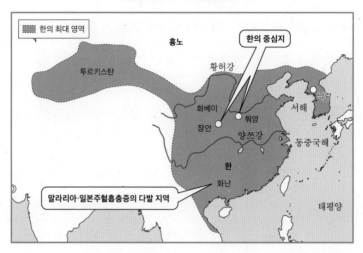

기원전 2세기~1세기경 한 제국

한의 최대 영역

흉노

투르키스탄

황허강

한의 중심지

화베이

장안   뤄양

양쯔강

낙랑

서해

동중국해

한

화난

말라리아·일본주혈흡충증의 다발 지역

태평양

었다.

일본주혈흡충은 민물에 사는 총알고둥류(학명: Littorinimorpha)를 숙주로 삼는다. 이 고둥은 주로 논도랑이나 개울, 농수로 등에 주로 서식하는데, 봄이 오면 이 고둥에 기생하던 주혈흡충의 유충이 수면으로 나온다. 그때 사람이 논에 맨발로 들어가거나 개울에 발을 담그면 주혈흡충 유충이 다리 피부에 붙었다가 혈관 속으로 파고들어 가 자리를 잡게 된다.

사람의 혈관에 들어온 주혈흡충은 장에서 간문맥(위와 장 등에서 혈액을 간으로 보내는 정맥) 사이에 걸쳐 기생하는데, 알을 낳으면 간문맥을 막을 수 있다. 간문맥이 막히면 복수가 차면서 배가 팽팽하게 부풀고 간이 딱딱하게 굳는 간경변증이 발생할 수 있다. 일본주혈흡충증의 치사율은 높지 않으나, 일단 걸리면 체력이 눈에 띄게 떨어져 노동력을 상실하므로 농촌 사회에서 일손 부족 사태로 이어질 수 있다.

이 성가신 고둥은 서식지까지 무척 넓어, 습지가 많은 화난 지방의 주민들은 오랫동안 질병에 시달려야 했다. 최근 들어 농약을 살포해 숙주인 고둥을 제거하기 시작한 이후에야 질병의 위협은 감소했다. 중세까지 중국 왕조가 화베이를 중심으로 발전한 데에는 감염병이 한몫했던 것이다.

중국 왕조의 무력함

역병으로 인한 인구 격감을 막지 못한 한과 그 이후의 왕조

한 왕조는 잇따른 전란과 불안정한 정권 탓에 쇠퇴한 것으로 알려졌으나 기아와 역병도 상당한 기여를 했다. 한의 전성기는 기원전 100년 전반, 무제가 다스리던 시절이다. 무제의 사후, 정체와 쇠퇴기에 들어서 220년에 대가 끊기게 되는데, 이후 통일 왕조가 들어서지 못하고 위, 촉, 오 삼국이 자웅을 겨루는 혼란기에 돌입했다. 그 유명한 삼국지의 영웅인 조조와 유비조차 중국 왕조의 장기 정체를 막지 못했다.

삼국 시대를 끝낸 건 위를 탈취한 사마진司馬晉이 세운 서진西晉이었다. 서진 역시 안정된 통일 왕조는 끝내 이루지 못했고, 4세기 초에 남흉노의 반란으로 한 차례 무너졌다가 왕족들이 대거 화난으로 피신해 동진東晉을 세웠다.

고대 중국의 인구 동향을 보면 인구가 가파르게 줄어들던 시기와 고대 중국 왕조의 장기적 쇠락 시기가 겹친다는 사실을

알 수 있다. 한의 전성기 시절 인구는 6,000만 명에 달했다. 그런데 서진이 중국을 통일한 3세기 후반의 인구는 1,600만 명까지 줄어들었다. 이 시기 인구 격감의 주된 요인으로는 연이은 전란과 이민족의 침입이 꼽힌다. 그런데 사람들이 간과하는 부분이 있다. 그 정도로 가파른 인구 감소 추세를 보이려면 역병이 만연하지 않았을 리 없다는 점이다.

전란이 일어나면 환경이 열악해지면서 역병이 창궐하기 쉬운 조건이 갖추어지기 마련이다. 여기에 흉작이라도 겹치면 식량 부족으로 역병을 버틸 힘이 남아나질 않는다. 결국 수많은 사람들이 병으로 쓰러지고 목숨을 잃게 된다.

기원전 1세기 무렵, 천연두가 중국을 덮쳤다. 천연두에 대한 면역이 없던 당시 중국인들 중 상당수가 속절없이 사망했을 공산이 크다. 2세기부터 3세기에 걸쳐 로마 제국이 역병으로 많은 인구를 잃었듯, 중국도 역병의 공습에 너무나 쉽게 무너졌다.

기원전 25년에 시작된 후한 시대에도 위정자는 역병에 무력했다. 후한의 황제들은 천수를 누리지 못하고 요절하는 경우가 많았기에 제대로 지도력을 발휘할 시간이 부족했고, 궁정은 환관의 수중에 넘어갔다. 역병을 다스려야 할 위정자들이 제 역할을 하지 못하게 되며 고대 중국 왕조는 역병에 굴복했고 인구가 급격히 감소해 쇠퇴의 길에 들어섰다.

민족 대이동

게르만족을 위협한 훈족의 이동은 탄저병 때문?

4세기 후반, 유라시아 대륙의 서쪽에서 게르만족이 대이동을 시작했다. 게르만족은 쇠퇴기에 접어든 로마 제국을 야금야금 잠식했고, 급기야 로마 제국을 소멸의 길로 이끈 어떤 역병이 대유행하게 되는 일련의 사태를 초래했다.

게르만 일족인 동고트족과 서고트족은 본래 흑해 연안에 거주했었다. 그들은 유럽을 가로질러 이동했는데 서고트족은 유럽의 서쪽 끝인 이베리아반도에 나라를 세웠다. 게르만족이 유럽을 가로지르는 대이동을 감행할 수밖에 없었던 데는 나름의 이유가 있었다. 아틸라가 이끄는 훈족의 습격이 두려웠기 때문이다.

훈족은 아시아계 유목민으로 기마 기술이 뛰어난 전사 집단이었다. 훈족의 기세에 게르만인은 겁을 먹었고 공포에 질려 훈족을 피해 피신할 수밖에 없었다. 게르만족을 공포의 도가니에 몰아넣은 훈족이 동서남북 중 하필이면 서쪽으로 이동한 이유에 대해서는 정확히 알 수 없다. 중국의 등쌀에 밀려 어쩔 수 없이 서쪽으로 향했다는 설과 몽골 고원을 비롯한 초원 지대에서 다른 유목민과 맞붙었다 패배해 서쪽을 택했다는 설이 거론되고 있을 뿐이다. 하지만 훈족이 서쪽으로 진격한 4세기, 중국의 왕조는 쇠퇴 일로에 들어서 훈족을 격퇴할 힘이 없었다. 또 몽골 고원에 있던 흉노와 선비족은 중국으로 남하하기 바빠 서쪽에는 관심이 없었다.

그렇다면 훈족은 왜 서쪽으로 말머리를 돌렸을까? 식량난을 해결하기 위해서였거나, 역병으로부터 도망치기 위해서였다는 가설이 논리적으로 더 이치에 맞아 보인다. 미국의 세균학자인 한스 진저Hans Zinsser(1878~1940)는 일찍이 역병이 세계사에 미친 영향을 연구해 『쥐와 이, 그리고 역사Rats, Lice and History』라는 책으로 정리했다. 이 책에 따르면 훈족을 이동하게 만든 건 '어떤 질병'이었는데, 한스 진저는 탄저병을 의심했다.

탄저병은 인수 공통의 감염병이다. 주로 양과 염소, 소 등에 도는 감염병으로, 인간에게도 전염된다. 사람에게서 사람으로 전염되지는 않으나, 독성이 강하고 폐 탄저병에 걸리면 치사율이 90%가 넘는 치명적인 질병이다.

훈족이 방목하던 가축이 어딘가에서 탄저병을 옮아와 줄줄이 폐사했고, 그 가축과 접촉한 훈족 무리에 탄저병이 퍼져 사망자가 속출하자 사람들은 공포에 질려 달아났을 것이다. 그렇게 훈족은 미지의 역병이 두려워 탄저병이 없는 지역을 찾아 서쪽으로 나아간 것이다. 그들의 이동은 게르만족의 이동을 촉발했고, 역사의 수레바퀴는 돌고 돌아 역병이 일으킨 도미노로 말미암아 476년에 서로마 제국을 멸망하게 했다.

2장

중세 서유럽, 권력 투쟁의 향방을 좌우한 감염병

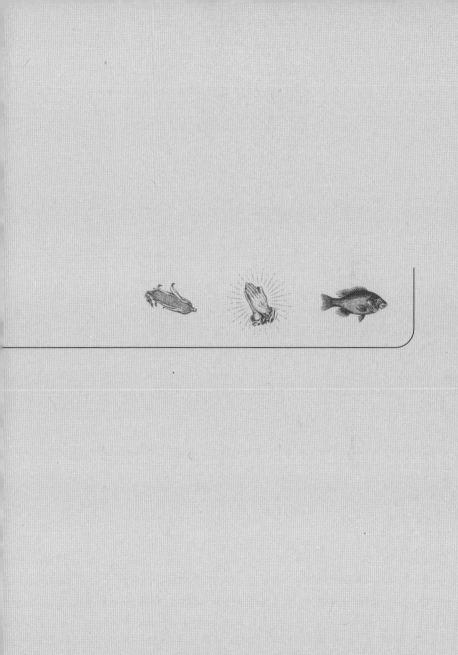

베네딕트 수도원

유럽에 가톨릭을 정착시킨 병원

476년, 게르만인 용병 대장인 오도아케르가 서로마 제국을 침공하자 서유럽의 질서는 순식간에 무너졌다. 유럽의 방파제 역할을 하던 서로마가 무너지자 서유럽은 게르만족의 습격에 고스란히 노출되었다. 그중에서도 문명이 발달한 이탈리아반도는 게르만족의 집중 공략 대상이었다.

그러나 이탈리아반도는 호락호락한 곳이 아니었다. 용맹한 게르만족도 그곳에선 맥을 추지 못하였다. 이탈리아반도의 터줏대감이었던 한 역병이 게르만족의 발목을 잡아 정착을 방해한 것이다. 제아무리 용맹한 게르만 전사라고 할지라도 역병을 당해낼 재간은 없었다. 역병의 정체는 일찍부터 이 지역에서 위세를 떨친 말라리아였다. 게르만족은 서로마 제국을 정복했으나 말라리아는 정복하지 못한 것이다.

5세기 초반, 로마를 습격한 서고트족이 허무할 정도로 빠르게 이탈리아반도에서 철수했다. 마침 창궐한 말라리아에 혼쭐이 났던 까닭이다. 실제로 서고트족의 초대 왕 알라리크Alaric(재위 395~410)는 말라리아로 추정되는 열병에 걸려 목숨을 잃었고, 우두머리를 잃은 서고트족은 이베리아반도로 밀려났다. 6세기 초반에는 동고트족이 이탈리아반도를 차지했는데, 이번에는 페스트가 창궐하여 동고트족의 전투력이 떨어져 비잔티움(동로마) 제국에 무너져 내렸다.

이탈리아를 포함한 유럽 전역에 역병이 돌고 이민족이 침략해 혼란의 도가니에 빠져 있던 시절, 사람들의 지지와 존경을 한몸에 받은 크리스트교 세력이 있었다. 바로 베네딕트 수도원으로 대표되는 수도원 집단이다.

베네딕트 수도원은 6세기 초에 베네딕트가 중부 이탈리아에서 창설한 것으로 지역 통합의 구심점 역할을 했다. 수도회에 몸담은 수도사들은 기도와 노동이라는 엄격한 수도 서약을 따르며 민중에게 복음을 전파했다. 하지만 베네딕트 수도원이 영혼 구제만으로 대중의 지지를 얻은 것은 아니다. 이곳은 육체와 영혼을 동시에 구원하는 곳으로 유명했다. 앞서 언급했듯이, 크리스트교 교단은 고대 로마 제국 시대부터 의료 지식과 기술을 갖추고 크리스트교도의 의무로 의술을 행하고 있었다. 중세의 수도원이 병원으로서의 기능을 담당하게 된 것은 우연이 아니다.

여러 민족이 이동하며 분쟁이 끊이지 않던 시절, 환경은 열악하고 위생 상태는 엉망이었던지라 역병이 수시로 창궐했다. 수도사들은 감염병에 대해 오늘날과 같은 수준의 지식과 기술은 없었으나 나름대로 환자 구제에 힘썼다. 수도원에서 치유의 기적을 경험한 사람들의 신앙심은 깊어만 갔다. 그렇게 크리스트교는 영혼과 육체를 모두 구원하는 종교로 유럽에 뿌리내렸다.

유스티니아누스 역병

6세기, 비잔티움 제국 황제의 로마 제국 부흥을 저지한 페스트

서로마 제국이 붕괴한 후로도 콘스탄티노폴리스(=콘스탄티노 폴)를 수도로 삼은 비잔티움(동로마) 제국은 살아남았다. 동로 마 제국을 지켜냈을 뿐 아니라, 고대 로마 제국의 부흥을 목표 로 한 야심만만한 황제도 나타났다. 그가 바로 유스티니아누스 1세(재위 527~565)이다.

6세기 전반, 이탈리아반도는 동고트족의 수중에 떨어졌고 북 아프리카에는 반달족이 버티고 있었다. 갈리아(오늘날의 프랑스) 는 프랑크족과 부르군트족이, 이베리아반도는 서고트족이 차지 했다. 유스티니아누스 1세는 게르만족 국가를 토벌하고 고대 로마 제국의 부흥을 꾀했다.

그의 계획은 성공하는 듯 보였다. 비잔티움 제국의 군대는 반 달족과 동고트족을 무찔렀고 동지중해의 패권을 되찾았다. 그 러나 그 너머에 자리한 프랑크족과 서고트족을 몰아낼 뒷심이

부족했다. 야심만만한 황제의 제국 부흥 정책을 허물어트린 건 바로 페스트Pest였다.

페스트는 14세기 유럽을 강타한 것으로 유명한데, 처음 역사에 모습을 드러낸 것은 그보다 훨씬 전의 일이었다. 러시아와 크로아티아에서 출토된 후기 구석기 시대의 인골에서 페스트를 앓은 흔적을 찾은 고고학계의 조사 보고가 있다.

페스트는 주로 페스트균을 보유한 벼룩이 매개체가 되어 발생한다. 쥐를 비롯한 설치류에 기생하는 벼룩이 균에 감염되어 사람을 물면 페스트균이 인체로 들어오는 것이다. 페스트는 때로 공기 중 감염이 일어나기도 하는데, 환자가 재채기나 기침을 할 때 퍼진 침방울이 타인의 호흡기로 들어가 감염을 일으킨다. (56쪽 그림 참조) 페스트에 걸리면 겨드랑이나 넓적다리 부근의 서혜부가 거무스름해지는 증상이 나타나는데, 여기에서 흑사병The Black Death이란 별칭이 생겼다. 몸이 검게 변한 페스트 환자가 고열에 시달리다 사망에 이르는 모습은 당시 사람들에게 공포 그 자체였을 것이다.

페스트의 종류로는 선페스트와 폐페스트가 있다. 선페스트는 림프선이 심하게 붓는 증상이 나타나고, 폐페스트는 환부가 폐에 집중되는 특징이 있다. 유스티니아누스 1세 시대에 창궐한 페스트는 선페스트로, 치사율이 30~60%에 달했다.

6세기 유럽

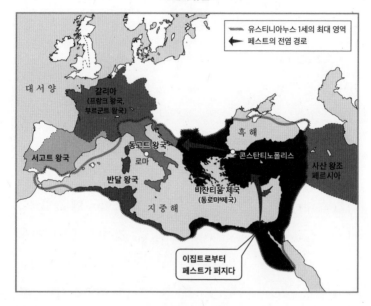

유스티니아누스 1세의 최대 영역
페스트의 전염 경로

대서양

갈리아
(프랑크 왕국,
부르군트 왕국)

서고트 왕국

동고트 왕국

로마

반달 왕국

흑해

콘스탄티노폴리스

사산 왕조
페르시아

비잔티움 제국
(동로마제국)

지중해

이집트로부터
페스트가 퍼지다

541년에 비잔티움 제국을 덮친 페스트는 애초 이집트에서 발생했다는 가설이 유력하다. 사하라 사막 이남이 최초 발원지라는 설도 있다. 비잔티움 제국의 수도인 콘스탄티노폴리스를 강타한 페스트는 당시 황제의 이름을 따서 '유스티니아누스 역병'이라 명명되었다.

페스트가 가장 맹위를 떨친 시기에 콘스탄티노폴리스에서는 하루에 만 명이 넘는 사망자가 나왔다는 기록이 있다. 페스트 유행이 끝날 무렵에는 제국의 인구가 거의 절반으로 줄어들

페스트의 감염 경로

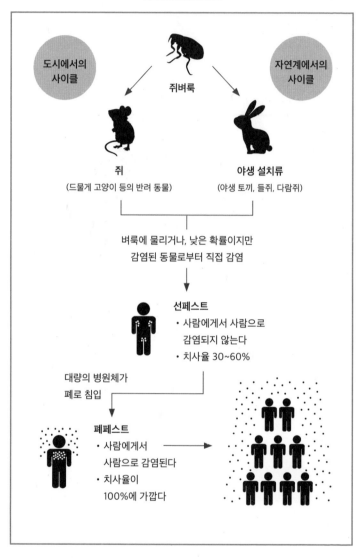

출처: Cedric Mims et al. "Plague." Medical Microbiology, 2nd Ed. pp. 372~375를 바탕으로 작성.

었다고 한다.

콘스탄티노폴리스가 페스트로 몸살을 앓는 상황에서 영토 확장 전쟁을 벌일 여력이 남아 있을 리 없다. 유스티니아누스 1세의 야심은 그렇게 미완으로 남았다. 한편 그 무렵 비잔티움 제국에 굴복한 동고트족의 경우는 군사적으로 패배한 것이라기보다는 비잔티움 군대를 따라 들어온 페스트로 인한 심각한 병력 손실이 원인이 되어 무너진 것으로 봐야 할 것이다.

사산 왕조 페르시아의 쇠락

6세기, 페르시아 제국을 좀먹은 페스트

유스티니아누스 1세 시대의 페스트로 쇠퇴한 나라는 동고트 뿐만이 아니었다. 페르시아의 사산 왕조도 유스티니아누스 역병의 여파로 멸망의 길에 접어들었다.

14세기에 유럽을 강타한 페스트는 창궐 후 몇 년 만에 유럽 전역을 휩쓸었다. 그러나 6세기에 시작된 유스티니아누스 역병은 상대적으로 교통수단이 덜 발달했던 시대 상황 덕택에 천천히 그 기세가 확산되었다. 541년에 비잔티움에서 시작된 페스트는 567년이 돼서야 프랑스에 도달하였고, 잉글랜드에는 664년 무렵에 상륙했다. 유스티니아누스 역병은 6세기부터 8세기 사이에 산발적으로 유행하였고, 페르시아 제국에도 서서히 마수를 뻗쳤다.

사산 왕조 페르시아는 농경을 주요 산업으로 성장하였으며, 고대 로마 제국에 오랫동안 대항한 이란인이 세운 제국이었다.

사산 왕조 페르시아는 로마 제국의 후계자인 비잔티움 제국과 힘을 겨루었으며 조로아스터교를 국교로 삼았다. 호스로 2세 (재위 590~628) 시대에 들어 팔레스타인, 이집트, 남아라비아를 지배하며 전성기를 구가하였으나, 호스로 2세가 세상을 떠난 후 20년 만에 멸망하고 말았다.

왕조 멸망의 직접적인 이유는 이슬람 세력의 침략이었다. 사산 왕조 페르시아는 642년 니하완드 전투Battle of Nihawand에서 패하면서 이슬람 세력에 정복당했다. 그러나 전투 이전부터 사산 왕조 페르시아의 국운은 내리막길이었다. 티그리스강이 범람하며 농사를 망쳤고, 호스로 2세가 살해당하면서 내전이 발발해 정국이 혼탁해졌던 것이다.

나라가 바람 앞의 등잔불처럼 위태로웠던 그때, 하필 페스트가 덮쳤다. 페스트는 사산 왕조 페르시아를 먹여 살린 곡창 지대인 메소포타미아 지역을 휩쓸고 지나갔다. 안 그래도 홍수로 인해 피해가 막심했는데 페스트까지 유행하니 인구가 급격히 줄어들며 온전한 국가로 버틸 재간이 없었다. 사산 왕조는 이미 이슬람 세력과 싸울 기력을 완전히 잃은 상태였고 남은 수순은 이슬람에 맥없이 정복당하는 것뿐이었다.

이슬람 세력의 부상

페스트로 약해진 비잔티움 제국과 사산 왕조 페르시아를 넘은 도약

7세기, 아랍 세계에서는 예언자 무함마드가 창시한 이슬람교가 사람들을 매료시켰다. 무슬림 공동체인 움마Ummah는 거대한 세력으로 성장해 본격적으로 교세 확장에 나섰다. 이슬람 세력은 페르시아의 사산 왕조를 쓰러뜨리고 북아프리카를 제패했으며 이베리아반도까지 밀고 나아가 이슬람 제국을 수립했다.

이슬람 세력의 부상은 이슬람교로 아랍 세계가 하나로 통합된 이유가 컸으나 페스트의 대유행도 한몫했다. 이슬람 세력이 부상하기 이전에 중동 지방은 비잔티움 제국과 사산 왕조의 각축장이었다. 비잔티움 제국과 사산 왕조라는 양강 체제는 페스트가 휩쓸고 지나가며 한판 뒤집기가 가능해진 새로운 판도를 만들어냈다.

비잔티움 제국은 유스티니아누스 1세가 세력 확장에 나섰다

가 페스트의 대유행으로 팽창 정책을 포기했다. 그 후로도 비잔티움 제국은 영토 확장에 나설 여유가 없었다. 사산 왕조도 마찬가지였다. 홍수 피해와 페스트 유행을 수습하느라 국력이 바닥난 것이다.

양국을 강타한 페스트는 두 나라 사람들의 신앙심마저 뒤흔들어 놓았다. 비잔티움 제국은 크리스트교, 사산 왕조는 조로아스터교를 국교로 삼고 있었는데, 페스트가 창궐하자 크리스트교의 기도와 조로아스터교의 의식은 아무 소용이 없었다. 역병 앞에 무력한 신을 마주한 중동 사람들은 크리스트교와 조로아스터교에 회의를 느끼기 시작했다. 마침 그때 이슬람교라는 새로운 가르침이 등장했고, 사람들은 금세 새 종교에 빠져들었다.

당시 이슬람군은 주도면밀하게 역병과 관련한 대책을 마련해 두고 있었다. 창시자 무함마드가 "어떤 고장에 역병이 존재한다는 사실을 안다면 그곳에 가서는 안 된다. 만약 역병이 당신들의 고장에 발생했다면 그곳을 떠나서는 안 된다"는 말을 남겼기 때문이다. 이슬람의 군 사령관은 무함마드의 말씀을 충실히 따랐다. 이슬람군은 역병이 발생한 도시를 공격하지 않았고 도시에서 먼 곳에 주둔하며 역병이 종식되기를 기다렸다. 역병이 한바탕 휩쓸고 지나간 도시를 점령하는 일은 누워서 떡 먹기였다.

비잔티움 제국은 콘스탄티노폴리스를 중심으로 크리스트교 수호에 나서 성과를 보였다. 그러나 이란에서는 사산 왕조 페르시아가 멸망한 후 조로아스터교가 이슬람교로 대체되었고, 주류에서 밀려난 조로아스터교는 다시는 예전의 명성을 되찾지 못했다.

중국의 남북조 시대

|

화베이를 이민족에게 빼앗기고 난 뒤의 화난 개발

중국에서는 1세기부터 3세기 중반에 걸쳐 역병이 만연하며 인구 절벽을 맞이했다. 인구가 가파르게 줄자, 사람들이 썰물처럼 빠져나간 토지를 노린 유목 민족들의 이주 행렬이 늘었다. 그리고 이 이민족들은 중국에서 한족이 세운 왕조를 쓰러뜨리고 자신들의 왕조를 세우기에 이르렀다.

그 시작은 307년부터 시작된 영가의 난이었다. 산시山西에 있던 남흉노가 서진 왕조를 타도하고 화베이에 자신들의 왕조를 수립했다. 이후 몇 세기 동안 화베이에서는 흉노, 갈, 선비, 강 등의 민족이 번갈아 왕조를 세웠다. 이 전란에 휘말릴까 두려웠던 한인들은 보따리를 싸서 화난으로 피난했다.

화난에서는 서진을 계승한 동진이 건국되었고, 송宋, 제齊, 양梁, 진陳이라는 왕조가 차례로 흥망성쇠를 겪었다. 화베이를 중심으로 이민족이 세운 북조와 남쪽으로 내려간 한족이 화난에 세운 남조가 양립하는 남북조 시대가 확립된 것이다.

남북조 시대는 중국사에 한 획을 그은 중요한 시대다. 바로 화난 지방의 본격적인 개발이 시작되었기 때문이다. "강남 갔던 제비가 돌아온다"는 속담에 나오는 강남江南이 바로 화난이다. 하지만 화난은 역병의 고장이었다. 그곳은 말라리아가 창궐하고 일본주혈흡충을 유발하는 고둥이 지천으로 널린 지역이었다. 역병은 여전히 두려운 존재였으나, 고향을 떠나야만 했던 이들에게는 화난 이주 외에 마땅한 대안이 없었다. 이래나저래나 목숨을 부지하기 어려웠던 시절, 화베이 사람들은 새로운 보금자리를 찾아 화난으로 먼 길을 떠났다.

주민들이 떠나기 직전, 화베이에서는 전란이 끊이지 않았고 굶주림이 일상이 되어 있었다. 전쟁이 길어지면 돌림병이 제 세상을 만난 양 활개를 친다. 이미 화베이에서도 역병이 만연했을 것이다. 그러자 화베이에 남아 있을 때 닥칠 위험과 화난으로 이주했을 때 감수해야 하는 위험의 정도가 엇비슷해졌다. 그나마 화난은 식량 사정이 나아 배를 곯지 않을 수 있다는 소식이 들려왔다. 사람들은 화난 이주라는 도박에 자신과 가족의 운명을 걸었다.

화베이 사람들의 이주로 화난 개발이 시작되자 화난 지방의 농지가 기하급수적으로 확장되었다. 바야흐로 화난은 중국 최대의 곡창 지대로 성장하였다. 훗날 남북조를 통일한 수 제국은 황허강과 양쯔강을 잇는 대운하 건설에 나서는데, 화난의 식량과 부를 화베이로 옮기기 위한 국가적 사업이었다. 사람의 발길이 거의 닿지 않던 화난이 몇 세기 만에 급속히 성장한 것이다. 화난의 인구도 덩달아 늘어났다. 기원전 1세기, 황허강과 양쯔강 유역의 인구 비율은 9대 1 수준이었는데, 8세기에는 6.5 대 3.5 수준까지 좁혀졌다.

물론 화난 개발은 역병과의 사투였다. 화난으로 이주한 사람들은 역병에 시달리면서 병을 수용하고 극복하는 법을 알아갔다. 이윽고 말라리아에 대응할 힘을 어느 정도 키울 수 있었다. 화난 이주가 성공한 이유는 크게 두 가지로 정리할 수 있다. 첫째는 이주자 집단이 차츰 말라리아에 면역력을 갖게 된 것이고, 둘째는 화난 개발이 진행될수록 말라리아를 옮기는 학질모기의 서식지가 감소하기 시작한 것이다. 인간과 말라리아가 벌이는 공방에 균형점이 생기자 말라리아의 유행을 어느 정도 억제할 수 있게 되었다.

한편 화난 지방의 역병은 화난에 자리한 남조를 북조의 기병으로부터 지켜주는 역할을 하였다. 남북조를 비교할 때 군사적인 측면에서는 북조가 우세할 때가 많았다. 북조의 유목민은 말을 타고 활을 쏘는 기술이 탁월했다. 북조의 군대는 특히 말을 탄 채 활을 쏘는 궁기병이 유명하였는데, 남조의 보병은 궁기병 앞에 서면 고양이 앞의 쥐 신세였다. 그러나 화난에는 역병이 버티고 있었기에 제아무리 날고 기는 궁기병이라도 섣불리 밀고 들어오지 못했다.

게다가 화난에는 습지대가 많았다. 말은 진창길에서 쉽게 발이 묶였고, 북조의 자랑이던 궁기병 부대도 맥을 추지 못했다. 여기에 북조 병사들은 말라리아에 내성이 없었고 일본주혈흡충에도 무력했다. 풍요로워진 화난을 북조가 접수하는 데에는 오랜 세월이 필요했다.

수의 멸망

만주에서 창궐한 역병과 고구려 원정 실패

6세기 말, 오랜 세월 남북조로 갈라져 있던 중국 왕조가 하나로 통일되었다. 북조의 수隋(581~619)가 남조의 진陳을 멸망시키면서 오랜만에 중국에 통일 왕조가 탄생했다. 수의 2대 황제인 양제煬帝(재위 604~618)는 황허강과 양쯔강을 잇는 대운하 건설에 나서며 자신만만하게 국정을 운영하였다. 수나라의 앞날에 꽃길이 펼쳐지는 듯했다.

그러나 수는 40년을 버티지 못하고 허망하게 무너졌다. 수나라 멸망의 주된 이유로는 대규모 토목 공사와 정복·사업으로 인한 주민 부담과 불만이 꼽히지만, 여기에 더해 역병이 창궐해 나라를 좀먹은 사실을 무시할 수 없다.

수의 첫 번째 실책은 598년 초대 황제인 문제文帝(재위 581~604)의 고구려 원정이다. 한반도 북부를 근거지로 한 고구려는 강력한 군사력을 자랑하며 만주의 랴오닝 지방으로 진출했다.

문제는 고구려의 만주 진출을 저지하기 위해 대규모 군대를 파견했으나, 원정은 대실패로 끝나고 말았다.

문제의 고구려 원정 실패에는 만주에 퍼진 역병이 한몫했다고 한다. 이 시기 만주에 퍼진 역병으로 80~90%에 달하는 병사가 사망했다. 일반적으로 전쟁에서 병사의 30% 이상이 전사하면 전술 수행에 심각한 문제가 발생한다. 그런데 전투가 아닌 역병으로 병력의 80~90%가 사라진 상황이라면 결말은 뻔하다. 수 문제의 고구려 원정 실패는 트라우마로 남았다. 이어서 2대 황제 양제 역시 고구려 원정길에 나섰으나, 또다시 실패로 끝났다. 애당초 역병이 도는 지역으로 파견된 부대에 속한 병사들의 사기가 높을 리 없었다.

610년에는 중국 일부 지방에서 페스트가 유행했다. 역사학자 윌리엄 맥닐이 『전염병의 세계사』에서 지적했듯, 유스티니아누스 역병이 중국에 입성한 것으로 추정된다. 남북을 통일한 왕조가 성립해 두 지역을 잇는 운하를 개통하자, 페스트균에 오염된 벼룩이 기생하는 쥐가 중국 전역에 퍼진 건 어렵지 않게 상상할 수 있다.

그 후로도 중국에서는 산발적으로 페스트가 유행하였고, 역병은 황제의 위신을 크게 떨어뜨렸다. 고구려 원정도 뜻대로 풀리지 않았는데 페스트까지 퍼지자 흉흉해진 민심을 달랠 길이 없었고, 백성은 황제에게서 등을 돌렸다. 수 양제는 시해되었고 황제를 잃은 나라는 그대로 멸망하고 말았다.

당의 쇠퇴

안사의 난과 페스트로 인한 제국의 몰락

8세기 중반, 전성기를 맞이한 당唐(618~907)은 어느 날 갑자기 제국 붕괴의 길을 걷기 시작했다. 불행은 홀로 오지 않는다는 말처럼 755년 안사의 난이 일어났고 연이어 페스트가 중국을 강타했다.

안사의 난은 현종玄宗(재위 712~762)이 애첩인 양귀비 가문을 중용하며 쌓인 인사 불만이 터지면서 발생한 대규모 반란이다. 불공평한 인사에 불만을 품은 절도사 안녹산과 부하 사사명이 무장봉기해 전란을 일으킨 것이다. 안녹산의 반란군은 장안과 뤄양洛陽을 점령했고, 현종은 쓰촨四川으로 피신해야 했다. 안녹산의 난은 당의 정규군만으로는 수습할 수 없어 위구르의 지원을 받아 무려 9년 만에야 종식되었다.

당의 영광은 다시 돌아오지 않았다. 국내가 전란으로 혼란해진 상황에 페스트가 덮쳤기 때문이다. 페스트는 수나라 때도 유행해 국력을 좀먹은 바 있다. 페스트는 한동안 잠잠해진 듯 보였으나 안사의 난이 한창이던 762년부터 재유행하기 시작했다. 페스트 대유행은 806년까지 이어지며 당의 국력을 완전히 바닥내고 나라의 근간을 뒤흔들어 놓았다.

당은 원래 외래 종교인 불교에 우호적인 모습을 보이며 국제적인 면모가 강한 나라였다. 그러나 안사의 난과 페스트를 겪고 난 뒤에는 수구 보수적인 나라로 변모하였다. 9세기, 무종武宗(재위 840~846)은 도교에 빠져 불교를 배척하기에 이르렀다.

로마 교황의 권위 확립

신성 로마 제국 황제로부터 독립하게 해준 로마의 말라리아

중세 유럽에서는 로마 교황의 절대적 권위가 확립되었는데 그 과정에서 이탈리아반도에서 창궐한 말라리아가 간접적으로 영향을 미쳤다. 말라리아가 유행하자 이탈리아로 원정을 떠난 신성 로마 제국의 황제들이 더는 이탈리아를 접수하지 못했고, 로마 교황을 손아귀에 넣고 흔들며 지배력을 행사하는 것도 불가능해졌기 때문이다.

로마 교황과 신성 로마 제국 황제의 관계는 800년 프랑크 왕국(481~843)의 카롤루스 대제(재위 768~814)의 대관식에서부터 시작되었다. 카롤루스 대제가 로마 교황으로부터 서로마 황제의 관을 받으며 황제로 인정받게 된 것이다. 이후 유럽 왕실에서는 로마 교황이 집전하는 대관식이 필수 요소로 자리 잡게 되었다. 교황이 누구의 머리에 왕관을 씌워주는지에 따라 유럽 권력의 향방이 갈렸기에, 이는 곧 교황 권위의 원천이기도

했다.

프랑크 왕국은 카롤루스 대제 사후에 분열되었다가, 10세기가 되면서 새로운 서로마의 황제가 등장하였다. 독일의 오토 1세(912~973)가 로마 교황에게서 왕관을 받으며 신성 로마 제국Holy Roman Empire(962~1806)의 황제가 된 것이다.

신성 로마 제국의 황제는 로마 교황의 수호자인 동시에 지배자였다. 오토 1세 이후 독일의 역대 왕들은 황제가 되기 위해 이탈리아로 향하는 한편, 이탈리아 지배에 대한 야심을 숨기지 않았다. 로마 교황에게 있어 신성 로마 제국의 황제는 안전을 담보해 주는 방패이자 교황의 절대성에 흠집을 내는 훼방꾼이기도 했다.

그러나 신성 로마 제국 황제가 이탈리아반도와 로마 교황을 지배하는 데는 한계가 있었다. 신성 로마 제국 황제는 로마에 장기 체류하고 싶어도 오래 머물 수가 없었던 것이다. 말라리아라는 복병에 당해 호위병들이 줄줄이 쓰러졌기 때문이다.

말라리아는 고대 로마 제국을 내내 괴롭히다 결국 멸망으로 가는 내리막길로 등을 떠민 역병으로, 중세에 들어서도 여전히 기세등등했다. 독일에서 생활하던 신성 로마 제국의 황제와 병사들은 말라리아의 무서움을 알지 못했다. 그런데 그들이 이탈리아에 머무는 동안 역병이 창궐하였고, 연일 말라리아 환자가 속출하며 군대 막사가 병동이 되는 지경에 이르렀다. 황제는 결국 이탈리아에서 철수해야만 했다. 신성 로마 제국의 초대 황제인 오토 1세는 그렇게 말라리아의 등쌀에 밀려났다. 그의 아들 오토 2세는 이탈리아에서 말라리아에 걸려 병사했다. 오토 1세의 손자인 오토 3세도 이탈리아 원정에서 말라리아에 걸렸고 가까스로 목숨을 건졌으나 수많은 병사를 잃었다.

역대 신성 로마 제국의 황제 중에서 이탈리아 지배에 가장 집착한 인물은 프리드리히 1세였다. 바르바로사Barbarossa(붉은 수염이라는 뜻의 이탈리아어)라는 별명으로 알려진 그는 이탈리아 원정을 여섯 차례나 감행했으나 뜻을 이루지 못했다. 1157년, 프리드리히 1세의 군대가 로마를 점령했으나 역병으로 로마를 포기하고 퇴각했다. 프리드리히 1세를 이탈리아에서 물러나게 만든 역병의 정체를 두고 말라리아라는 설과 발진 티푸스라는 설이 팽팽하게 맞서고 있다. 프리드리히 1세의 군대는 이탈리아에서 철수한 후에도 병사들이 계속 병으로 사망하며 심각한 병력 손실이 발생해 궤멸 상태에 이르렀다. 그렇게 역대 신성 로마 제국의 황제들은 이탈리아반도와 로마 교황을 지배하고 싶어도 말라리아에 굴복해 뜻을 이루지 못하고 물러나기 일쑤였다.

황제들의 좌절은 로마 교황의 권위를 높이는 데 보탬이 되었다. 역대 교황들은 황제의 힘을 이용해 자신의 권위를 뒷받침하면서도 황제가 로마를 지배하지 못하도록 교묘히 빠져나가곤 했다. 황제의 귀찮은 간섭으로부터 교황을 지켜주는 기특한 말라리아가 늘 적시에 등장해 교황의 수호자가 되었기 때문이다.

물론 교황들도 말라리아가 기승을 부리는 로마에서 말라리아에 시달리기는 매한가지였으나, 말라리아는 주로 황제로부터 교황을 지켜주는 방패가 되었다. 말라리아로 인하여 로마 교황은 신성 로마 제국의 황제로부터 독립성을 유지했고, 마침내 황제를 굴복시킬 정도로 막강한 존재로 거듭나게 되었다.

카노사의 굴욕에 대한 복수

역병을 피해 결국 로마 교황을 무너뜨린 하인리히 4세

역대 신성 로마 제국의 황제들은 이탈리아에만 가면 지긋지긋한 말라리아에 시달렸다. 그중 드물게 말라리아에 잘 대처한 황제가 있었는데, 바로 하인리히 4세다. 하인리히 4세(재위 1053~1103)는 1077년 발생한 카노사의 굴욕 사건으로 교황 그레고리우스 7세에게 완전히 굴복한 황제로 역사에 이름을 남겼다. 교황 앞에서 치욕스럽게 무릎을 꿇은 뒤로 절치부심하던 하인리히 4세는 말라리아에 대처할 힘을 키웠고 교황에게 복수할 날만을 손꼽아 기다리게 되었다.

카노사의 굴욕은 교황 그레고리우스 7세와 신성 로마 제국 황제 하인리히 4세가 성직자 임명권, 즉 서임권을 둘러싸고 다툰 사건의 결과이다. 본래 가톨릭교회의 성직자 임명권은 관습적으로 황제가 가지고 있었는데, 이상주의자였던 그레고리우스 7세 교황은 황제가 감히 성직자 임명권을 가지고 있는 건 부당한 일이라며 이를 다시 교회로 돌려놓겠다고 공언했다. 만약 황제가 계속 성직자를 임명한다면 그 행위는 성직 매매로 간주하겠다는 경고와 함께였다.

하인리히 4세는 즉각 항의했고, 그레고리우스 7세는 황제를 파문하는 초강수를 둔다. 황제에 대한 파문은 그를 모시는 독일의 제후들을 동요시켰다. 그들은 파문이 1년 이상 풀리지 않으면 하인리히 4세를 폐위해야 한다고 결정했다.

궁지에 몰린 하인리히 4세는 교황에게 용서를 빌기 위해 교황이 머물던 북이탈리아의 카노사로 향했다. 황제는 펑펑 쏟아지는 눈을 맞으며 사흘에 걸쳐 단식과 기도로 사죄한 끝에야 겨우 교황에게서 사면 받을 수 있었다. 황제에게 크나큰 수치를 안긴 이 사건은 결국 카노사의 굴욕으로 불리게 되었고, 교황은 신성 로마 제국의 황제를 자신의 발아래 꿇어 엎드리게 한 위대한 존재로 거듭났다.

한편 교황 앞에 무릎을 꿇은 하인리히 4세는 복수를 다짐하며 칼을 간 끝에 군대를 이끌고 1081년부터 4차에 걸쳐 로마를 포위해 그레고리우스 7세 교황을 위협했다. 지금까지는 포위 기간이 길어지면 황제의 병사들이 말라리아에 걸려 차례로 쓰러지기 일쑤였고, 황제 본인도 모두 말라리아에 무너졌다. 그런데 하인리히 4세 휘하의 병사들은 말라리아에 쓰러지지 않고 굳건히 버텨냈다. 그 비결은 무엇이었을까?

말라리아가 기승을 부리는 시기는 말라리아 원충의 매개체 인 학질모기가 대량으로 발생하는 여름철이다. 당시 학질모기 가 말라리아 감염원이라는 사실은 누구도 몰랐으나, 하인리히 4세는 여름이 다가오자 로마 교외로 철수해서 말라리아 감염 을 피했다. 덕분에 장기간에 걸친 포위전에서 병력을 온전히 지 켜낼 수 있었다.

수세에 몰린 그레고리우스 7세 교황은 남이탈리아에 정착한 노르만족의 우두머리 로베르 기스카르Robert Guiscard(1015~1085) 에게 전갈을 보내 자신을 지켜달라고 부탁했다. 그런데 노르만 족 군단은 로마로 진군하여 약탈과 폭행을 자행하게 되고, 로마 사람들은 불청객을 불러들인 교황에게 비난의 화살을 돌렸다. 신변에 위협을 느낀 교황은 노르만 군대를 따라 남이탈리아로 망명했고, 그곳에서 실의에 빠진 채 임종을 맞이했다. 황제 하 인리히 4세의 말라리아를 이용한 교묘한 복수가 아닐 수 없다.

십자군의 실패

말라리아, 이질, 괴혈병이 만연해 싸우기도 전에 패배한 전쟁

1095년, 교황 우르바노 2세는 프랑스의 클레르몽에서 열린 종교 회의 석상에서 중동으로 십자군을 파견하자고 목소리를 높였다. 온 유럽이 교황의 십자군 선언을 열렬히 환영했고 이후 8차례에 걸친 십자군 원정이 시작되었다.

십자군은 이슬람 세력의 수중에 들어간 예루살렘 탈환을 목표로 결성된 조직이었다. 제1차 십자군은 예루살렘 탈환에 성공했으나, 이내 예루살렘은 아이유브 술탄국을 세운 살라딘(살라흐 앗딘, 재위 1169~1193)에게 성지를 되돌려 주어야 했다. 성지 반환 후 수세에 몰린 십자군은 이윽고 예루살렘에서 물러났다.

십자군은 유럽의 군사력을 총동원한 결정체였다. 그런데도 십자군 원정은 실패로 끝났다. 물론 살라딘 같은 강력한 적이 출현하기는 했다. 그러나 십자군 원정에 미친 역병의 손길을 무시할 수 없다.

십자군은 적과 싸우기 전부터 역병에 걸렸고 굶주림에 시달리면서 전사자보다 병사자와 아사자가 많은 지경에 빠졌다. 1096년에 시작된 제1차 십자군에서는 왕들은 직접 나서지 않고 제후만 참전했는데도 약 30만 명의 병력을 모집할 수 있었다. 그런데 이 대부대가 예루살렘을 탈환했을 때는 병력이 6만 명까지 줄어 있었다. 그 후 1101년에는 2만 명까지 줄어들었으니 90%가 넘는 병력을 상실한 셈이었다.

1147년부터 시작된 제2차 십자군도 비슷한 참상을 겪었다. 제2차 십자군에는 프랑스 왕 루이 7세, 신성 로마 제국의 황제 콘라트 3세가 몸소 참전했고, 10만 명에 달하는 병력을 동원했다. 그러나 원정은 실패했고, 남은 병력은 고작 5천 명 정도였다.

사망자 명단에는 전사자보다 병사자가 훨씬 많았다. 십자군은 역병으로 대규모 병력을 잃고 기세가 꺾였다. 십자군 병사들을 덮친 역병의 종류는 실로 다양했다. 말라리아와 이질, 괴혈병이 차례로 십자군을 괴롭혔다.

이질에는 두 가지 종류가 있다. 이질균이 원인인 것과 단세포 기생충인 아메바가 유발하는 아메바성 이질(아메바증)이 그것이다. 어떤 종류의 이질이든 병원체에 오염된 물과 음식을 먹으면 이질에 걸릴 수 있다. 이질 감염을 퍼뜨리는 생물로는 집파

리류가 있다. 이질균을 부착한 집파리가 음식물 위에 앉으면 그 음식에 이질균이 묻는다. 음식이 이질균에 오염되었다는 사실을 모르고 사람이 그 음식을 먹으면 이질에 걸린다. 이질에 걸리면 심한 설사와 고열 증상이 나타나며 시름시름 앓다가 차츰 쇠약해진다.

위생 상태가 열악하고 사람이 밀집한 환경은 이질의 온상이 되기 쉬운데, 군대가 딱 그러했다. 식수가 이질균에 오염되면 집단생활을 하는 군대에 이질이 퍼지는 것은 한순간이다. 십자군 병사들은 원정 초기부터 설사와 고열에 시달리며 하나둘 쓰러졌다.

괴혈병도 십자군 병사를 괴롭혔다. 괴혈병은 비타민 C 결핍이 원인인 질병으로, 신항로 개척 시대 이후 뱃사람들의 고질병으로 자리 잡았다. 십자군 병사들은 배를 탄 시간은 짧았으나 신선식품이 부족했기에 괴혈병에 걸렸다.

십자군은 유럽 전역에서 모집한 병사들을 먹일 식량 확보에도 어려움을 겪었다. 냉장 유통 시설이 없던 시절이었기에 신선식품은 현지에서 조달하지 않으면 먹을 수 없는 사치품이었다. 신선식품이 부족한 상황에서 십자군 병사는 기아와 괴혈병이라는 이중고에 시달렸다.

괴혈병에 걸리면 잇몸에 피가 나고 혈뇨와 혈변 등의 증상이

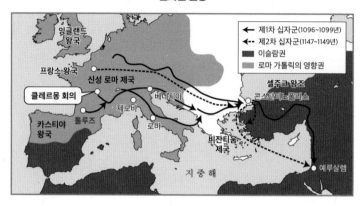

십자군 원정

나타나며 면역력이 떨어진다. 잇몸이 약해져 치아에 문제가 생기면 음식물을 제대로 씹을 수 없게 된다. 괴혈병이 심해지면 잇몸이 썩어 들어갔다. 원정에 동행한 의사들은 병사들의 썩어 들어가는 잇몸을 도려내는 게 주요 일과였고, 십자군 주둔지에서는 병사들의 고통에 찬 울부짖음이 끊이지 않았다.

말라리아 역시 십자군을 끈덕지게 괴롭혔고, 페스트라는 반갑지 않은 손님도 잊지 않고 찾아왔다. 십자군 원정은 역병 앞에 무력해져 실패가 예정된 전쟁이었다.

십자군 원정으로 중동에서 곰쥐라고도 부르는 애급쥐(학명: Rattus rattus)가 유럽으로 들어왔다. 애급쥐는 인간의 주거지 근처를 행동반경으로 삼는 설치류로, 십자군 원정 전까지는 유럽에 서식하지 않았다. 애급쥐가 유럽에 정착하며 14세기 페스트 대유행이라는 비극의 막이 오를 준비가 차근차근 갖추어졌다. 14세기 페스트는 애급쥐에 기생하는 벼룩이 매개체가 되었기 때문이다.

왕권의 부상

피부병 치유자가 되어 교황을 이긴 왕

시간이 흐르며 중세 유럽에서 권력의 향방에 변화가 생겼다. 그 누구도 넘볼 수 없는 절대적인 권위를 자랑하던 로마의 교황을 대신해 각국의 왕들이 교황을 위협할 힘을 갖추게 되었다. 왕의 권력이 강해지면서 무력의 행사뿐 아니라 성스러운 기적을 베푸는 권위까지 부여받게 된 것이다. 왕이 민중의 지지를 모아 권위를 강화하는 과정은 역병과 밀접한 관련이 있다.

그 무렵 유럽에서는 나력瘰癧이라는 역병이 돌며 백성들을 괴롭혔다. 나력은 결핵균의 일종이 일으키는 질환으로, 이 병에 걸리면 목에 불룩한 혹이 생기고 그 혹에서 고름이 줄줄 흘렀다. 유럽의 민중은 왕이야말로 나력을 치유하는 힘을 가지고 있다고 믿었다.

중세 유럽 사람들은 한센병을 비롯한 각종 피부병에 시달리고 있었다. 한센병leprosy, 癩病은 나균이 원인인 질병으로, 정확한 감염 경로가 밝혀지지는 않았지만 환자와 장기간 긴밀하게 접촉할 때 전염되는 것으로 알려져 있다. 한센병에 걸리면 피부에 궤양이 생기거나 피부가 부어오르고 가죽처럼 두꺼워진다. 이목구비가 무너지며 용모가 추하게 변해 예부터 한센병 환자들은 차별의 대상이 되기 쉬웠고, 사람들은 한센병을 하늘이 내린 형벌이라고 믿었다. 의술이 발달하지 않았던 시절, 나력은 한센병과 다르지 않은 피부 괴질의 일종으로 여겨졌다.

마땅한 치료제가 없었기 때문에 유럽의 왕들은 피부병 치유자로 인기를 끌었다. 왕이 환자에게 지긋이 손을 얹거나 깨끗한 물을 끼얹었더니 병이 나았다는 소문이 돈 것이다. 이런 현상을 영어로는 로열 터치Royal Touch라 부른다.

피부병을 치료할 의학적 수단이 없던 중세에 유럽의 피부병 환자들은 왕의 성스러운 손길이 자신을 어루만져 병이 치유되기를 기도했다. 13세기에 들어서면 왕은 나력을 치유할 수 있다고 공인되었고, 특히 프랑스와 잉글랜드의 민중 사이에서 기적을 일으키는 성스러운 존재로 추앙되었다.

실제로 프랑스와 잉글랜드의 왕들은 아낌없이 로열 터치를 베풀었다. 끔찍한 용모의 환자에게 귀하신 분이 직접 손을 얹는다는 애민과 봉사 정신은 사람들의 마음을 사로잡았고, 왕은 그렇게 신성한 존재가 되었다.

중세 크리스트교 세계에서는 왕이 즉위할 때 대주교가 친히 기름을 부어 축복해 주는 의식을 통해 일반인과 다른 신성을 부여했다. 그러나 그 신성은 11세기 후반, 카노사의 굴욕을 일으킨 교황 그레고리우스 7세 시대에 이르러 힘을 잃었다. 한편 왕들은 열심히 로열 터치를 베풀면서 스스로 신성을 키워나갔다. 왕이 신성을 획득하자 더는 로마 교황에게 굴복하지 않아도 되었다.

1303년에는 아나니Anagni 사건이 일어나 이를 입증했다. 아나니 사건은 교황 보니파키우스 8세와 프랑스 왕 필리프 4세(재위 1285~1314)의 대립에서 비롯되었다. 교황과 왕이 첨예하게 대립하던 와중에 필리프 4세는 교황에게 굴복하지 않았다.

카노사의 굴욕 시절에는 신성 로마 황제 하인리히 4세가 교황 그레고리우스 7세 앞에 완전히 굴복해 무릎을 꿇고 복종했다. 그를 따르던 독일의 제후들이 황제보다 교황의 의사를 존중하여 교황 편에 힘을 실어주었기 때문이다. 그러나 아나니 사건에 이르자 판세가 뒤집혔다. 필리프 4세와 보니파키우스 8세 사이의 갈등이 극에 달하자 프랑스의 성직자와 귀족, 시민 대표로 이루어진 신분제 의회인 삼부회는 왕을 지지한다는 의사를 표명했다.

삼부회의 지지를 등에 업은 필리프 4세는 기세등등해졌다.

그는 교황이 머무는 이탈리아 중부의 아나니로 자신의 부하를 보내 교황을 습격해 납치하려 했다. 필리프 4세는 납치 후 교황을 폐위시킬 작정이었으나 아나니의 주민들이 교황을 구출해 폐위는 미수에 그쳤다.

그러나 아나니 사건의 충격을 이기지 못한 교황 보니파키우스 8세는 시름시름 앓다 세상을 떠났다. 이 사건은 필리프 4세의 완벽한 승리였고, 역병을 치유하는 신성을 부여받은 왕이 부상하고 있음을 상징한다.

스코틀랜드 구국의 영웅

잉글랜드를 무찌른 로버트 1세와 이질

감염병은 재앙이었지만, 중세 스코틀랜드에서는 나라를 구한 구국의 영웅이기도 했다. 13세기 말, 스코틀랜드는 잉글랜드 왕 에드워드 1세(재위 1272~1307)가 지배하고 있었다. 스코틀랜드는 알렉산더 3세(재위 1159~1181) 시절에 강국으로 부상했으나 왕이 낙마 사고로 급사하면서 급격히 국운이 기운 상태였다.

왕의 갑작스런 서거 이후 왕위 계승자가 부재해 위기를 겪던 와중에 왕으로 옹립된 인물이 존 발리올John Balliol(재위 1292~1296)이었다. 존 발리올은 잉글랜드의 에드워드 1세의 입김이 강력하게 작용하여 부각된 인물로 잉글랜드 왕의 허수아비일 뿐이었다. 이후 에드워드 1세는 존 발리올을 폐위했는데, 꼭두각시로 부릴 수 있는 새로운 왕을 옹립하지는 못했다. 어찌 되었든 에드워드 1세는 스코틀랜드 귀족들을 잉글랜드 왕의 신하로서 충성을 서약하게 했고, 스코틀랜드는 잉글랜드에 정복당한 속국 신세로 전락했다.

스코틀랜드는 그때까지 잉글랜드보다 약소국이기는 했어도 독자적으로 왕실을 유지한 독립 국가였다. 그런데 애써 지켜온 독립을 한순간에 빼앗긴 것이다. 스코틀랜드에서는 윌리엄 월리스William Wallace(1274?~1305)가 일어나 나라를 되찾기 위한 싸움에 나섰으나 결국 에드워드 1세의 군대에 패하고 말았다. 윌리엄 월리스는 처형당했고, 사지가 조각조각 찢긴 처참한 죽음을 맞이했다.

윌리엄 월리스가 처형당한 후, 후일 로버트 1세가 되는 로버트 브루스Robert 1 Bruce(1274~1329)가 봉기했다. 그는 왕가의 피를 물려받은 인물이었다. 에드워드 1세는 당시 이질에 걸려 있었는데, 로버트 브루스를 토벌하기 위해 무리하게 말에 올랐다. 에드워드 1세가 회복했다면 로버트 브루스도 윌리엄 월리스와 같은 운명을 맞이했겠지만, 이질은 에드워드 1세의 목숨을 앗아갔다.

에드워드 1세가 세상을 떠난 후 아들 에드워드 2세가 잉글랜드 왕으로 즉위했는데, 에드워드 2세는 선왕이 벌인 일에는 관심이 없었다. 에드워드 2세는 스코틀랜드 통치에 영 흥미가 없었다. 에드워드 2세는 폐위되었고, 유폐된 뒤 감옥에서 폭행을

당해 사망한 불운한 왕이었다. 한편 에드워드 1세를 잃은 잉글
랜드군은 오합지졸로 변해 로버트 브루스가 이끄는 스코틀랜드
군에 각지에서 패했다.

1314년, 로버트 브루스는 스코틀랜드에서 잉글랜드 군을 모
조리 몰아내고 독립을 회복했다. 스코틀랜드에 있어 이질은 나
라를 구한 기특한 역병이었다.

3장

몽골 제국의 시대, 페스트가 유라시아 대륙을 덮치다

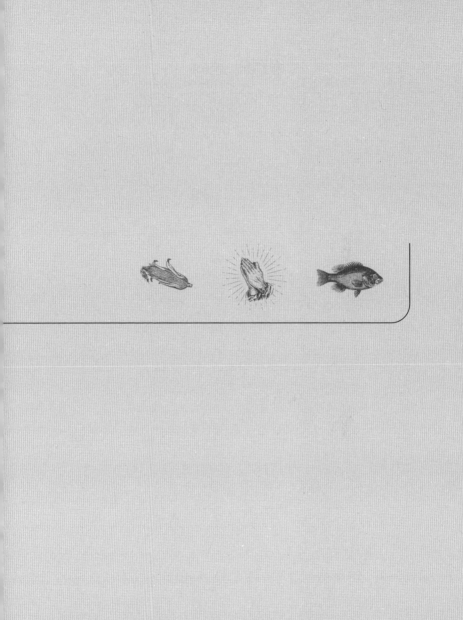

몽골의 평화

페스트 확산을 부추긴 원정

14세기, 유라시아 대륙을 페스트가 강타했다. 그때까지 유라시아 각지에서 페스트가 몇 차례 발생한 적이 있으나 14세기의 대유행만큼 심각했던 적은 없었다. 14세기에 페스트가 창궐한 이유는 무엇보다도 세계화의 영향이 컸다. 13세기 들어 칭기즈 칸의 몽골 제국이 유라시아를 종횡무진하며 정복 활동을 계속한 끝에 중국에서 유럽을 육로로 연결하는 교통망이 갖추어졌기 때문이다.

칭기즈칸은 1206년, 뿔뿔이 흩어져 살던 몽골 고원의 유목민 세력을 통일했다. 그 후 칭기즈칸과 그의 자손들에 의한 정복이 시작되었다. 몽골은 서쪽의 중앙아시아로 진출하여 남러시아를 정복하고 헝가리로 진격하는가 싶더니, 바그다드를 공격해 아바스 왕조를 무너뜨렸고, 중동에 이르는 광활한 영토를 확보했다. 한편 동쪽으로는 금과 남송을 멸망시키며 중국을 제패하여 바야흐로 동서를 아우르는 광활한 제국을 탄생시켰다.

몽골 제국의 대정복은 소위 몽골의 평화 시대를 낳았다. 그때까지 유라시아 대륙의 동서 육로를 통한 왕래는 중앙아시아의 여러 세력 등이 걸림돌이 되어 쉽지 않았는데, 몽골이 이들을 제압하며 길을 연 것이다. 이탈리아 상인인 마르코 폴로가 중국을 제압한 몽골 제국의 수도 칸발리크(대도, 지금의 베이징)를 방문할 수 있었던 것도 세계화의 공이 컸다. 하지만 대규모 인구 이동이 일어나면 병원체를 보유한 사람과 동물들도 따라서 이동하기 마련이다. 유라시아 세계는 한편으론 유례없는 역병의 유행에 직면하고 있었다.

14세기에 발생한 페스트의 발생지를 두고서 이설이 분분하다. 윌리엄 맥닐은 『전염병의 세계사』에서 중국의 윈난雲南 혹은 버마(미얀마)를 페스트의 발생원으로 추정했다. 몽골이 중국 한복판에 세운 원元(1271~1388)은 13세기 중반 윈난 지방과 버마를 정복했다. 그 과정에서 몽골 병사들이 페스트를 앓았고, 그들이 고향으로 돌아가자 중국과 몽골 고원에 페스트가 번졌다는 것이다. 또 다른 주장에서는 만주를 감염원으로 꼽기도 한다. 어느 쪽이 옳든 페스트는 한동안은 그 확장세가 주춤하다가, 어느 순간 국경을 넘어 퍼져 나가더니 마침내 중앙아시아를 거쳐 유럽을 강타했다.

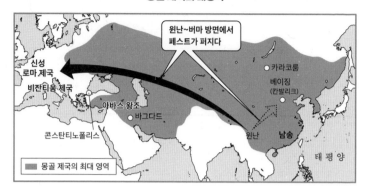

몽골 제국의 대정복

윈난~버마 방면에서
페스트가 퍼지다

카라코룸

베이징
(칸발리크)

신성
로마 제국

비잔티움 제국

아바스 왕조

바그다드

콘스탄티노폴리스

윈난 남송

태 평 양

■ 몽골 제국의 최대 영역

페스트균의 매개체는 쥐에 기생하는 벼룩이다. 페스트균을
보유한 벼룩이 사람에게 옮으면 그 사람은 페스트에 걸린다. 만
약 페스트 환자가 자신이 병에 걸린 사실을 인지하지 못하고
자유롭게 이동한다면 벼룩도 따라서 이동해 새로운 숙주를 찾
아 사람과 쥐에게 기생하게 된다. 이 과정이 반복되며 14세기에
페스트는 걷잡을 수 없는 기세로 확산되었다.

원의 종말과 명의 건국

기아와 사회 불안, 페스트로 인하여 북으로 퇴각한 원

14세기 페스트의 대유행은 유럽에서 악명을 떨쳤으나 실은 그보다 일찍 중국에서 유행했던 것으로 추정된다. 14세기 중반은 중국에서 역병이 창궐해 수많은 사람들이 병으로 쓰러져 사망한 시기이기 때문이다.

윌리엄 맥닐의 『전염병의 세계사』에는 부록으로 퀸시 대학교 Quincy College에서 중동사를 가르치는 조지프 H. 차Joseph H. Cha가 엮은 '중국의 전염병 연표'가 실려 있다. 이 연표에 따르면 중국에는 1331년 이후 심각한 역병이 여러 차례 발생했다.

먼저 1331년에 10명 중 9명이 사망했다는 역병이 발생했고, 1351년부터 1352년에 걸쳐 산시山西, 허베이河北, 장시江西 지방에서 역병이 발생해 화이허淮河강 유역에서는 군대 내 사망률이 50%에 달했다고 한다. 1353년에 발생한 역병 때문에 산시 일부 지역에서는 10명 중 6~7명이 사망했다. 1354년에 발생한 역병은 후베이湖北 일부 지역에서 주민의 60~70%를 사망하게 하는 결과를 초래했다. 1358년에는 20만 명 이상이 역병으로 사망했다.

역병의 유행은 중국 인구를 격감시켰다. 1200년경 중국에는 약 1억 200만 명이 산 것으로 추정된다. 화베이의 금金과 화난의 남송이 다투던 시대였다. 그러다 몽골 제국 시대를 거쳐 명 제국 시대인 1393년이 되면 인구가 6,500만 명까지 감소한다.

14세기에는 역병뿐 아니라 전란도 잦았다. 자연재해도 끊이지 않았고, 기아로 사망하는 사람이 많아 인구가 반 토막이 났다. 거기에 역병이 덮치자 사망자는 곱절로 늘었다. 이 정도의 인구 감소를 부른 치사율 높은 역병이라고 하면, 페스트를 떠올릴 수밖에 없다. 비슷한 시기이지만 조금 나중에 페스트가 유럽에서 대유행했다. 동서가 연결된 시대임을 고려하면 중국을 강타한 역병은 페스트일 공산이 크다.

페스트가 중국을 휩쓸고 지나가기 전에 몽골 제국이 먼저 무너졌다. 몽골 제국을 뒷받침하던 궁기병 부대도 페스트에 희생되며 군사력이 예전만 못하게 되었다. 자연재해가 빈발하고 굶주림과 사회 불안이 만연한 가운데, 페스트가 직격탄을 날리자 소수의 몽골인이 지배하는 원 제국은 백성들의 쏟아지는 원성을 감내하지 못했다.

1351년, 도교와 불교에서 기원한 민간 종교인 백련교 신자들이 홍건적의 난을 일으키며 중국 전역에 전란의 불씨가 번져 나갔다. 원 제국은 수도인 칸발리크를 포기하고 몽골 고원으로 돌아갔다. 몽골 고원의 초원 지대로 돌아간 이후의 원을 북원北元(1368~1635)이라 부른다. 한편 홍건적의 난을 일으킨 무리에서 내부 분열이 일어났고, 주원장이 군사 대결에서 승리하며 1368년에 명 제국을 건국했다. 명은 페스트가 유행하던 중에 탄생한 왕조였던 것이다.

14세기 페스트

중앙아시아에서 온 역병으로 만신창이가 된 유럽

1347년, 유럽에서 페스트 대유행이 시작되었다. 우리는 이미 페스트가 중앙아시아를 거쳐 유럽으로 들어온 사실을 알고 있다. 1346년에 카스피해 북쪽의 아스트라한에서 페스트가 창궐했고, 1347년에는 흑해 연안에서 서쪽으로 진출해 비잔티움 제국의 수도 콘스탄티노폴리스에서 대유행했다. 페스트의 거센 파고는 유럽을 넘어 아프리카로 넘어갔고 이집트와 시리아를 강타했다.

서유럽에 최초로 페스트균을 들여온 건 제노바 상선이었다. 페스트가 유행한 흑해 연안 국가와 교류하던 제노바 상선의 승조원들이 페스트에 걸린 채 귀항했고, 이들과 함께 페스트가 유럽에 상륙했다. 제노바에 상륙한 페스트는 이탈리아를 접수하고 프랑스로 넘어갔다. 이후 이베리아반도, 북유럽, 영국으로 진출하는 데 막힘이 없었다. 1347년부터 1348년에 걸친 페스

트의 유행으로 유럽에서 전체 인구의 5분의 1에서 3분의 1이
사라졌다는 연구 자료가 있을 정도이다.

유럽에서 페스트로 대규모 사망자가 발생한 건 선페스트와
함께 폐페스트까지 유행했기 때문이다. 폐페스트는 치사율이
매우 높은 감염병으로 적절한 치료가 이루어지지 않으면 사망
률이 거의 100%에 이른다. 폐페스트는 추운 지역에서 퍼지기
쉬워 특히 잉글랜드와 북유럽을 강타했다.

페스트는 유럽의 평화와 성장 시기를 끝장낸 파괴자로 회
복하기 힘든 막대한 타격을 입혔다. 유럽은 노르만족을 비롯
한 이민족의 침입에 수시로 노출되긴 하였으나, 11세기 무렵부
터는 소규모 전쟁은 벌어졌어도 파괴적인 대규모 전란이 일어
나지 않던 상태였다. 기껏해야 영국과 프랑스가 벌인 백년전쟁
(1337~1453)이 단편적으로 이어진 정도였다. 한편 농업 생산력
이 증대되며 11세기부터 13세기 말에 걸쳐 유럽의 인구는 이전
에 비해 2~3배 증가하였다.

당시 유럽에서는 자치권을 획득한 도시가 발전하고 있었고,
이탈리아에서는 르네상스가 시동을 걸기 시작했다. 유럽 역내
와 역외에서 교역이 활발해졌고, 경제 성장의 곡선은 상승세를
타고 있었다. 페스트는 평화롭게 성장하던 중세 말의 유럽을 덮
쳐 한순간에 나락으로 떨어뜨린 주범이었다. 또한 유럽의 페스

페스트 대유행

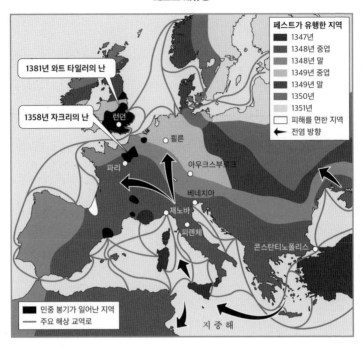

1381 와트 타일러의 난

1358년 자크리의 난

런던

쾰른

파리

아우크스부르크

베네치아

제노바

피렌체

콘스탄티노폴리스

지 중 해

■ 민중 봉기가 일어난 지역
— 주요 해상 교역로

트는 1347년부터 1348년 사이의 대유행으로 그치지 않았다. 그 후로도 잠잠해질 만하면 나타나 수많은 피해자를 남기곤 했다.

페스트균을 보유한 벼룩의 매개체는 애급쥐다. 애급쥐는 십자군과 함께 유럽으로 들어왔다. 애급쥐는 민가 근처에 서식하며 높은 곳을 잘 타고 오른다. 몰래 배에 숨어들어 와 밀항하고, 배가 뭍에 닿으면 상륙해 마을 가까이에 보금자리를 만드는 습성이 있다.

당시 유럽에는 짚으로 지붕을 인 초가가 많았는데, 그 지붕을 보금자리 삼아 애급쥐가 번식했다. 애급쥐에게 기생한 벼룩이 지붕에서 나와 이부자리나 옷가지로 들어가 사람을 물면 온 가족이 페스트에 걸렸다.

애급쥐는 그 후로도 오랫동안 유럽의 마을 곳곳에 터를 잡고 살았다. 그런 이유로 페스트는 완전히 종식될 수 없었다. 페스트가 활개를 치면 인구는 줄기 마련이었고, 16세기가 되어서야 가까스로 페스트 발생 이전의 인구 수준으로 돌아갈 수 있었다.

흔들리는 크리스트교의 지배

페스트에 쓰러진 성직자

페스트의 대유행은 중세 유럽의 사회 구조가 붕괴되는 계기가 되었다. 중세 유럽은 크리스트교와 봉건 영주가 지배하는 장원 제도가 축이었다. 로마의 교황을 수장으로 하는 크리스트교는 각지의 교회와 수도원을 통해 사람들을 지배했다. 교회는 중세 유럽인들의 정신적 지주이자 일상생활을 지배하는 통제자였다. 한편 봉건 영주들은 농지를 관리하면서 농노들을 부렸는데, 당시 농노들은 농지 사용에 대한 대가로 봉건 영주에게 일정한 세금을 바쳐야 했다. 봉건 영주는 농노의 경제적 지배자였다.

페스트의 유행은 견고한 사회에 균열을 초래했다. 먼저 교회가 붕괴 조짐을 보였다. 페스트가 유럽을 휩쓸 때 교회는 무력하기만 했다. 기도의 힘으로 페스트를 고치는 것은 불가능했다. 성직자들마저 페스트로 쓰러졌고, 그들의 사망을 목격한 사람들의 신앙심은 흔들렸다. 그때까지 성직자들은 특별한 계층으로 페스트 따위가 감히 덤비지 못하는 성스러운 존재로 여겨졌다. 하지만 새로 부임한 사제까지 페스트로 쓰러지자 사람들은 교회에 등을 돌렸다.

성직자라고 해서 다 같은 성직자도 아니었다. 유능한 성직자가 사라진 자리를 채우려고 크리스트교 교단은 경험과 학식이 부족한 자에게 사제 서품을 내렸다. 자격 미달의 성직자를 마주한 사람들의 실망감이 얼마나 컸을까.

크리스트교 교단은 본래 역병 환자를 구제해 신자를 확보하곤 했는데 페스트는 교회에서 감당할 수 있는 수준을 넘어선 것이었다. 인도해야 할 어린 양들이 많아지자 영혼의 구제도 쉽지 않았다.

페스트가 맹위를 떨치던 무렵, 로마의 교황은 어디에서 무엇을 하고 있었을까? 교황은 프랑스 아비뇽에 있었다. 당시 교황청에 강한 영향력을 행사하고 있던 프랑스의 왕과 프랑스 출신 추기경들이 교황을 왕의 허수아비로 만들어 조종하고 있었던 것이다. 교황은 지도력을 상실하고 페스트의 공포 앞에 떠는 나약한 인간으로 전락했다.

그 시절 유럽에는 채찍질로 고행하며 기도하는 집단이 등장했다. 이 고행자 집단은 상반신을 탈의하거나 알몸인 채로 십자가를 짊어지고 채찍질을 하며 이 마을 저 마을을 떠돌아다녔다. 고행자들이 서로의 몸을 채찍으로 때릴 때마다 그들의 피부는 상처로 얼룩지고 피가 흘러내렸다. 고행자들은 끔찍한 고통을 감내하며 고행을 이어나갔다.

유럽에서 등장한 이 고행자 집단은 신앙이 위기를 맞은 상황에서 탄생했다. 고행자들은 오직 강한 신앙심만이 페스트를 극복할 수 있는 힘이 될 것이라고 믿었다. 아무것도 해결하지 못하는 무력한 로마 교회에 대한 일종의 불만의 표시이기도 했다.

유럽에서는 페스트가 유행할 때마다 신앙심이 시험대에 올랐다. 종교 개혁가인 잉글랜드의 존 위클리프John Wycliffe (1320?~1384)와 체코의 얀 후스Jan Hus(1382?~1415)의 유지를 받든 보헤미안 공동체가 로마 교황의 비판자로 떠오르기도 했다. 그리고 그들이 뿌린 씨앗은 16세기 루터와 칼뱅의 시대로 이어져 종교 개혁이라는 꽃을 피웠다.

봉건 제도의 종말

인구 격감이 가져온 영주의 몰락

유럽의 페스트는 크리스트교 지배 체제뿐 아니라 봉건 영주가 주도하는 사회 구조를 붕괴시켰다. 페스트로 인해 농노 인구가 급감하자 그들을 부리던 영주의 권력에도 금이 가기 시작한 것이다.

페스트로 인한 인구 감소는 노동력의 감소를 뜻한다. 농지를 경작할 농노가 줄자 농기구와 각종 공구를 제작하는 수공업자가 줄어들었다. 동시에 살아남은 농노와 수공업자의 지위는 자연스레 이전보다 높아졌다.

그때까지 봉건 영주가 절대적 강자의 위치에 있었던 건 농사를 지을 농노가 차고 넘쳤기 때문이었다. 이전에는 영주에게 감히 불평조차 할 수 없던 농노가 큰 폭으로 줄어들자 영주는 일손 확보를 위해 어떻게든 농노를 자신의 영지에 붙들어 두어야만 했다. 농노는 조건이 더 좋은 곳을 찾아 이동했고 버려진 경작지를 찾아 스스로 경작하기 시작했다. 봉건 영주가 농노를 잃고 싶지 않다면 예전보다 농노에게 더 많은 몫을 분배해야 했다. 그만큼 봉건 영주의 수입은 줄어들었다.

물론 봉건 영주도 살아남기 위해 안간힘을 썼다. 손에 쥐고 있던 재산이 야금야금 빠져나가는 걸 가만히 보고 있을 수는 없었다. 봉건 영주들은 농노의 이동을 금지하거나 그들의 고정 수입을 보장하는 등 자구책을 마련했다. 그러나 이러한 처사에 불만을 품은 농노들이 반발했다. 잉글랜드에서는 1381년 와트 타일러의 난, 프랑스에서는 1358년 자크리의 난이 일어났다. 이들 봉기는 모두 진압되었으나 과거로 돌아갈 수 있는 다리는 불타고 말았다. 농노와 수공업자의 지위는 이전보다 향상되었고 그들의 살림살이는 넉넉해졌다.

봉건 영주의 수입은 결과적으로 줄어들었다. 게다가 프랑스와 영국(잉글랜드)에서는 봉건 영주들이 백년전쟁(1337~1453)에 참전해 자기들끼리 죽고 죽이는 소모전을 벌였다. 이후 영국에서는 왕위 계승권을 둘러싸고 장미전쟁(1455~1485)이 발생해 영주들의 입지를 더욱 좁혀 놓았다.

봉건 영주가 힘을 잃자 영국과 프랑스 왕의 권력이 차츰 강화되었다. 페스트 대유행은 봉건 사회에 마침표를 찍게 했다. 그리고 절대 왕정 시대를 맞이하는 밑거름이 되었다.

국민 문학의 탄생

|

라틴어 대신 자국어로 쓴 문학의 시대

페스트는 라틴어를 읽고 쓸 수 있는 상류층마저 궤멸시키며 중세 유럽의 시대정신을 무너뜨렸다. 중세 유럽 문화의 주역은 라틴어였다. 당시 크리스트교의 『성경』은 라틴어로 쓰였다. 중세 유럽에서 가장 교양 있는 계층은 고위 성직자들이었는데, 그들은 라틴어 『성경』을 읽으며 라틴어로 대화했다. 나머지 학식 있는 귀족과 교사, 학자들도 대화의 수준이 높아지면서 라틴어를 사용했다. 라틴어는 교양 있는 사람의 표준어였다.

그러나 페스트 대유행으로 인구가 급감하며 상황이 급변했다. 페스트는 교양인과 문맹인을 가리지 않고 평등하게 덮쳤고, 라틴어를 읽고 쓸 수 있는 계층의 수가 줄어들었다. 유럽에서 라틴어는 언젠가는 쇠퇴할 운명이었으나 페스트가 그 시기를 한층 앞당긴 것이다.

라틴어를 대신해 자국어가 부상했다. 페스트 이후 새로운 교양인들은 라틴어로 읽고 쓰기를 중단하고 자국어로 읽고 쓰게 되었다. 라틴어『성경』역시 자국어로 번역되었다. 존 위클리프는『성경』을 영어로 번역했고, 후스는 체코어 번역에 매진했다. 각국의 사람들이 자국어로 번역된『성경』을 읽을 수 있게 되사 교회를 거치지 않고 직접 신의 말씀을 집할 수 있는 길이 열렸다. 굳이 교회를 거칠 필요가 없게 되었으니 사람들은 로마 교회로부터 더욱 멀어졌고, 이제 마르틴 루터가 세계사의 무대에 등장할 차례가 왔다.

자국어 문학이 정착하면서 사람들이 숭배하는 대상이 로마 교황에게서 자국의 왕으로 바뀌었다. 로마 교회로부터의 이탈 현상은 더욱 가속화되었으며 한층 강해진 왕권은 새로운 시대의 막을 올릴 준비를 마쳤다.

보카치오의 『데카메론』, 그리고 페스트

14세기 유럽에서는 죽음을 주제로 한 예술이 탄생했으니 죽음의 무도La Danse Macabre가 바로 그것이다. 유럽 각지에 남아 있는 죽음의 무도를 주제로 한 벽화와 판화에는 약방의 감초처럼 해골이 등장한다. 산 자인 교황과 황제, 추기경, 대주교, 시민, 상인들의 등 뒤로 해골들이 닿을 듯 말 듯 아슬아슬한 거리에서 춤추고 있는 것이다.

페스트가 귀천을 가리지 않고 대량의 사망자를 발생시키자 유럽인들은 내일 당장 찾아와도 이상하지 않을 죽음이라는 운명에서 벗어날 수 없음을 깨닫고 체념했다. 삶의 한가운데로 깊숙이 들어온 죽음을 자각한 사상은 죽음의 무도라는 예술로 승화되어 작품을 남겼다.

죽음의 무도는 유럽인들에게 깊은 인상을 남겼다. 16세기 알프스 이북 지역에서도 르네상스 정신이 발현하였는데, 해골과 병자를 묘사한 작품이 많았다. 독일의 마티아스 그뤼네발트Matthias Grünewald(1470?~1528)가 그린 「이젠하임 제단화」가 대표작이다.

한편 찰나의 방종을 즐기는 남녀 관계를 묘사한 문학 작품도 등장하였다. 이탈리아의 보카치오가 쓴 『데카메론』이 대표적인데 마치 오늘 하루만 사는 듯 자유분방하게 삶을 즐기는 남녀에 대한 묘사가 인상적이다.

『데카메론』은 페스트를 피하기 위해 모인 남녀 열 명이 열흘 동 안 펼쳐 내는 에피소드가 연속되는 작품이다. 작품 속에는 남녀 간 의 문란할 정도로 자유로운 사랑을 그린 도발적인 이야기가 많고 사 기와 위선 등의 악덕도 묘사되었다. 당시 유럽 사회에 크리스트교가 지배하는 금욕적인 분위기가 조성되어 있었음을 감안하면 놀라운 일이다. 하지만 『데카메론』의 세계에서는 인간의 욕망과 속물근성이 적나라하게 묘사되었고 종교적 선악은 존재하지 않았다. 페스트는 유럽인이 크리스트교의 경직된 사고방식에서 벗어나 새로운 세상을 꿈꾸게 한 역병이기도 했다.

페스트 방역 체제

|

격리와 봉쇄

페스트라는 거대한 해일이 휩쓸고 지나간 유럽에서는 우리가 사는 오늘날에도 통용되는 한 시스템이 만들어졌다. 페스트를 봉쇄하기 위한 방역 시스템이 그것이다.

당시 유럽에서는 이미 한센병 환자를 격리하고 있었다. 13세기의 한센병 환자 수용소는 유럽 전역에 약 19,000개나 존재했다. 이 방식을 페스트 방역에 응용해 페스트로 의심되는 환자를 격리하기 시작한 것이다. 격리 기간은 40일 정도로 잡았다.

페스트 방역의 최전선은 항구였다. 항구 도시에서는 페스트 발생 의심 지역에서 귀항한 배를 입항시키지 않고 일정 기간 동안 해역에 정박하도록 조치했다. 해상에서도 격리 기간은 40일로 설정되었다. 당시에는 페스트의 원인이 쥐에 기생하는 벼룩이라는 사실을 누구도 알지 못했다. 그럼에도 불구하고 어쨌든 의심스러운 배를 항구에 들이지 않음으로써 승조원의 상륙을 저지해 일정한 방역 효과를 거둔 셈이다.

시간이 흐르면서 역병으로부터 사람들을 지키기 위한 격리 방안은 체계를 갖추어나갔다. 2020년 코로나-19가 확산되는 과정에서 유럽에서는 수많은 사망자가 발생하는 가운데 도시 봉쇄령Lockdown이라는 계엄령에 버금갈 정도의 강력한 방역 대책이 채택되었다. 유럽에서 사람들의 이동을 통제하는 봉쇄 조치가 취해질 수 있었던 배경에는 페스트가 유행하던 시절에 탄생한 격리 사상이 자리하고 있었다. 2020년의 유럽에서 우리는 코로나-19를 통해 중세의 격리 사상이 계승된 모습을 목도한 것이다.

차별과 박해

유대인, 한센병자, 아랍인에 대한 증오

페스트 방역을 명분으로 진화한 격리 사상은 사실 차별과 박해라는 말과 종이 한 장 차이에 불과한 것이었다. 페스트로 인한 공포에 사로잡힌 유럽인들은 사회적 약자와 잠재적인 적에 대해 끊임없는 박해를 가했다.

유럽인들의 주된 표적은 유대인이었다. 애초에 크리스트교도들 사이에서는 유대교나 유대인에 대한 반감이 자리하고 있었다. 예수를 십자가에 매달라고 선동한 이들이 유대인이라는 이유에서였다. 예수 본인이 유대인이라는 사실은 제쳐 놓고, 유대인에 대한 막연한 증오가 전 유럽에 무르익은 상태였다.

그러던 차에 유대인이 페스트를 퍼뜨렸다는 소문이 돌았다. 유대인이 우물에 독을 타서 페스트가 퍼졌다는 황당한 소문까지 퍼졌는데 안타깝게도 많은 이들이 이 소문을 믿었다. 페스트의 원인을 그 누구도 알지 못하던 시절이었다. 유대인이 범인으로 지목되자 사람들은 그럴 줄 알았다며 고개를 끄덕였다. 많은 유대인들이 도시에서 추방되거나 일정한 구역에 갇혀 사는 신세가 되었다. 유대인 일가족에 대한 학살 사건도 심심치 않게 일어났다.

한센병 환자 역시 공격과 격리의 대상이었다. 한센병 환자가 우물을 오염시킨다는 이야기가 유럽 각지에 퍼지자 한센병 환자를 더욱 꺼림칙하게 여기게 되었다. 한센병 환자 수용소가 습격당하고 한센병 환자를 살해하는 사건까지 터졌다.

사는 곳이 달라지면 박해의 대상도 달라지는지, 이베리아반도에서는 아랍인이 박해의 대상이 되었다. 8세기 이후 이베리아반도는 이슬람 세력권에 편입되었는데, 유럽인들은 이 지역을 되찾기 위해 레콩키스타Reconquista(국토 회복 운동)에 나섰다. 레콩키스타가 진행되는 과정에서 이슬람교도인 아랍인이 페스트를 퍼뜨린 주범이라는 의혹이 제기되었고, 크리스트교도가 공격하는 대상이 되었다.

정체된 이슬람 세계

우수한 과학 기술을 지닌 중동 지역의 쇠락

14세기에 페스트의 습격을 받은 지역은 비단 유럽만이 아니었다. 중동 지역도 페스트의 공포에서 자유롭지 못했다. 페스트가 남긴 상흔은 깊었고 그 후로도 중동 지역은 과거의 영광을 되찾지 못했다. 중동 지역의 전성기는 750년부터 시작된 아바스 왕조 시대였다. 바그다드를 수도로 삼은 아바스 왕조 시대, 중동은 앞선 과학 기술로 번영을 누리고 있었다.

그렇게 세계를 선도하던 중동 지역이 왜 정체기에 접어들었는지를 두고서 다양한 의견이 제시된다. 윌리엄 맥닐은 『전염병의 세계사』에서 이슬람교도로서 예언자의 말을 충실히 이행했기 때문이라고 분석했다. 예언자 무함마드는 "역병으로 쓰러진 자는 순교자다"라는 말을 남겼는데, 이슬람교도는 이 말씀을 충실히 따랐기에 페스트를 비롯한 역병으로 인하여 엄청난 사망자가 나와도 유럽인처럼 공포에 질리지 않았다는 것이다. 역병을 신의 뜻으로 받아들인다면 구태여 방역 시스템을 구축할 필요가 없어진다.

2020년 코로나-19 팬데믹 사태에서도 이슬람교도들은 성지로 떠나는 데 주저함이 없었고, 성지 순례를 다녀온 사람들을 중심으로 감염이 퍼져 나가는 양상을 보였다. 방역 의식의 부재에서 비롯된 비극이 아닐 수 없다. 무함마드가 역병 방역에 대해 남긴 말을 충실하게 따를수록 이슬람 세계는 역병에 취약해지고 인구가 감소했다. 종교에 기반을 둔 사고방식이 이슬람 세계의 정체를 불러온 것이다.

물론 예외도 있다. 훗날 이 지역을 호령한 오스만 제국(1299~1922)이다. 인재를 확보하기 위한 방책으로 발칸반도에서 끌고 온 크리스트교 아이들을 이슬람교로 개종시킨 뒤 군인과 관료로 육성하는 데브쉬르메Devshirme라는 제도를 운영한 것이다. 덕분에 오스만 제국은 인구 정체로 고충을 겪던 이슬람 세계의 나라 중에서 예외적으로 오랜 번영을 구가할 수 있었다.

영국과 프랑스의 백년전쟁

이질로 사망한 에드워드 흑태자와 헨리 5세

페스트의 대유행은 영국과 프랑스 사이에 벌어진 백년전쟁 마저 중단시켰다. 백년전쟁은 페스트 상륙 이전인 1337년에 시작되었는데, 초기 전황은 영국 측에 유리하게 돌아가는 듯 했다. 프랑스에 상륙한 잉글랜드군이 프랑스군을 차례로 격파하며 승기를 잡는 듯 보이던 무렵, 페스트가 돌며 전쟁이 중단되었다.

하지만 백년전쟁의 결과에 결정적인 영향을 끼친 것은 페스트가 아니었다. 전쟁의 향방을 결정하는 국면에서 캐스팅 보트 역할을 한 질병은 이질이었다. 잉글랜드 진영에서 지휘관급 인물 중 두 명이나 이질로 병사했기 때문이다.

백년전쟁 초기, 잉글랜드군은 프랑스군을 크레시 전투Battle of Crécy에서 무찔렀고, 푸아티에 전투Battle of Poitiers에서도 승리했다. 영국군의 승리에 큰 공을 세운 인물로 에드워드 흑태자

Edward the Black Prince(1330~1376)를 들 수 있다. 에드워드 3세(재위 1327~1377)의 장남인 그는 푸아티에 전투에서 파죽지세로 전장을 누비며 프랑스의 장 2세(재위 1350~1364)를 포로로 잡는 등의 공을 세웠다.

그랬던 그가 1376년 이질에 걸려 목숨을 잃었다. 이질은 전쟁터를 고정적으로 찾는 단골손님 같은 감염병으로 당시 잉글랜드군도 이질을 달고 살았다. 프랑스군에 대승한 크레시 전투에서도 잉글랜드군은 이질로 고생을 꽤나 했다. 이질에 걸려 설사가 멈추지 않자 일부 병사들은 아예 바지를 입지 않고 전투에 나섰을 정도였다. 전세가 프랑스 측에 불리하게 돌아가는데도 프랑스 병사들은 그런 잉글랜드 병사를 조롱하기에 이르렀다. '바지도 안 입고 돌아다니는 영국 놈들', '민망하게 엉덩이를 노출하고 다니는 미개한 자들'이라며 조소한 것이다.

그러던 와중에 이질로 영국군 군단장급의 주요 지휘관이 쓰러졌다. 에드워드 흑태자의 죽음으로 실의에 빠진 잉글랜드군의 사기가 한층 저하되었다. 숨통이 끊어지기 직전이었던 프랑스는 이질 덕분에 아슬아슬하게 목숨을 보전할 수 있었다.

엎친 데 덮친 격으로 잉글랜드에서 에드워드 흑태자를 이어 헨리 5세(재위 1413~1422)가 이질로 저세상 사람이 되었다. 헨리 5세는 프랑스군을 상대로 대승을 거두었고, 1420년에 트루아 조약Treaty of Troyes을 체결하여 프랑스의 왕위 계승권까지 확보한 왕이었다. 프랑스의 샤를 6세(재위 1380~1422)의 딸을 왕비로 맞아 프랑스 궁정을 완벽히 장악할 만반의 준비가 되었던 터였다. 헨리 5세의 야망은 이질 앞에서 무력하였다. 서른네 살의 짧은 생이었다.

반면 그의 죽음으로 프랑스는 화를 면할 수 있었다. 프랑스는 잔 다르크Jeanne d'Arc(1412~1431)가 등장할 때까지 잉글랜드에 고전을 면치 못하던 상황이었다. 하지만 중요한 국면마다 잉글랜드군의 주요 인물이 연달아 이질로 쓰러지면서 결국 잉글랜드는 프랑스에 굴복할 수밖에 없었다.

튜더 왕조의 성립

정당성이 부족한 헨리 7세가 왕권을 확립한 '영국발 발열'

1485년, 잉글랜드에서 왕조가 교체되었다. 장미전쟁을 종식시킨 보즈워스 전투Battle of Bosworth Field에서 요크 왕조의 리처드 3세가 전사하고, 어린 시절 프랑스 망명길에 올라 고생하던 랭커스커가의 헨리 튜더가 승리해 헨리 7세(재위 1485~1509)로 즉위한 것이다.

사실 튜더 왕조는 시작부터 역병과 얽혀 있었다. 튜더 왕조를 연 헨리 7세는 잉글랜드 왕가와의 유대 관계가 약했다. 그의 아내는 요크 왕조의 에드워드 4세의 딸이었고, 그의 부모의 가계를 유심히 살펴봐도 잉글랜드 왕가와의 접점은 거의 없었다. 게다가 헨리 튜더는 보즈워스 전투에서 프랑스군을 지휘하고 있었다. 아무리 봐도 정통성이 부족한 왕이었으나 천운을 타고 났는지 용케 왕권을 확립할 수 있었다. 이 모든 게 잉글랜드에서 창궐한 역병 덕분이었다.

보즈워스 전투를 전후해 잉글랜드에서는 영국 발한병이라는 의문의 열병이 돌고 있었다. 이 병에 걸리면 신열에 들떠 신음하면서 이부자리가 흥건하게 젖도록 식은땀을 흘리며 몸져누웠다. 운이 나쁘면 발병한 지 몇 시간 만에 사망하기도 했다.

헨리 7세의 군대가 런던으로 입성하자마자 런던에서 열병이 창궐했다. 불과 석 달 만에 수천 명이 사망할 정도로 그 기세가 거셌다. 사망자 중에는 잉글랜드의 상류층이 많았고, 이러한 상황은 헨리 7세에게 유리하게 작용했다.

이미 잉글랜드에서는 백년전쟁으로 많은 귀족이 몰락의 길에 접어든 터였다. 거기에 의문의 열병까지 기승을 부리며 지배층 권력의 기반이 무너졌다. 헨리 7세에 대항할 만한 세력의 머릿수 자체가 크게 줄어든 셈이다. 정통성이 부족했던 헨리 7세는 이 틈을 놓치지 않고 왕권을 확립하였고 튜더 왕조를 탄탄한 반석 위에 올려놓았다.

영국 발한병이 어디서 왔는지는 확실히 규명되지 않았다. 헨리 7세와 함께 잉글랜드에 상륙한 프랑스군이 감염원으로 지목되기도 하였으나, 프랑스에서는 당시 이 병이 유행한 흔적이 없다. 영국 발한병은 1485년 대유행 이후 유럽 대륙으로 건너가 몇 차례 더 유행하였다. 마지막 유행은 1551년의 일이고, 이후 이 의문의 열병이 유행했다는 기록은 찾아볼 수 없다.

4장

신항로 개척으로 인한
유럽의 재편과
신대륙의 비극

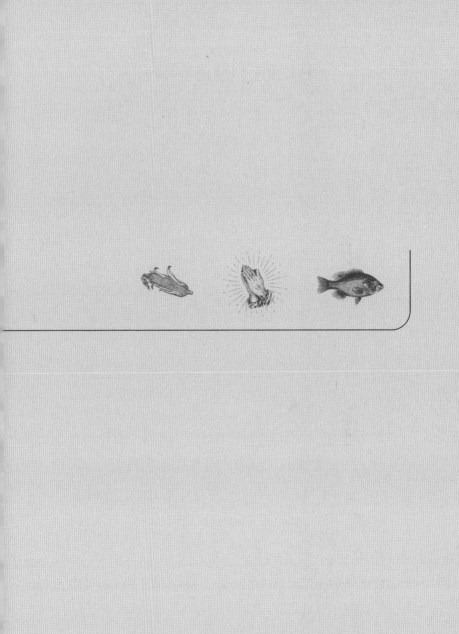

이탈리아 전쟁과 매독

프랑스의 퇴각 명령을 초래한 질병

1494년, 샤를 8세(재위 1483~1498)가 이끄는 프랑스군이 이탈리아를 침공했다. 샤를 8세는 나폴리에 대한 왕위 계승권을 주장하며, 이탈리아에서 이권을 획득하기 위해 호시탐탐 침공 기회를 노리고 있었다. 1559년까지 이어진 길고 지루한 이탈리아 전쟁은 이렇게 시작되었다.

프랑스군 앞에 르네상스 시대 이탈리아의 도시 국가들은 싱거울 정도로 쉽게 약점을 노출했다. 당시 유럽 최강으로 일컬어진 프랑스군에게 저항다운 저항조차 하지 못하였고, 샤를 8세가 지휘하는 프랑스군은 어린아이 손목 비틀 듯 손쉽게 나폴리를 점령했다.

그런데 프랑스군은 의외의 복병을 만나 이탈리아에서 철수를 결정할 수밖에 없게 된다. 교황 알렉산데르 6세(재임 1492~1503)가 프랑스 포위에 대항할 신성 동맹을 제창하고 나선 것에 더해 군대 내에 매독이 만연했던 것이다.

프랑스군 병사들은 나폴리 거리에서 만난 여자들과 몸을 섞어 매독에 걸렸다. 매독의 병원체는 트레포네마 팔리듐균 Treponema pallidum이다. 성관계로 인하여 이 균이 사람 간에 전파되면 인체는 좀먹게 된다.

현재 매독은 항생제로 어느 정도 다스릴 수 있고, 설령 매독에 걸린다고 해서 바로 증상이 나타나지도 않는다. 하지만 15세기 말에 유행하기 시작한 매독은 달랐다. 오늘날의 매독보다 훨씬 독성이 강했다고 추정된다. 당시 매독에 걸리면 증상이 빠르게 진행되면서 치사율도 높았다. 프랑스군 진영에는 제대로 거동조차 할 수 없을 정도로 쇠약해진 병사들이 속출했고, 전투 능력을 상실한 군대를 두고 볼 수 없었던 샤를 8세는 철수 명령을 내릴 수밖에 없었다.

샤를 8세에게 일격을 가한 매독은 신대륙에서 콜럼버스와 함께 귀환한 병이라는 게 지금까지의 통설이었다. 매독은 신대륙의 풍토병 중 하나로, 선주민은 이미 매독에 대한 면역력이 어느 정도 있었지만 유럽인들은 없었다. 신대륙을 향한 콜럼버스의 항해는 1492년의 일로, 그가 유럽으로 금의환향한 후 얼마 지나지 않아 매독이 유럽 전역에 퍼졌다고 한다.

그런데 최근 들어 매독의 신대륙 기원설에 이의를 제기하는 학계의 목소리가 들려오고 있다. 콜럼버스의 항해 이전부터 유럽에 매독이 잠재하고 있었다는 주장이다. 영국에서는 14세기에 사망한 수도사의 유해에서 매독을 앓은 흔적이 발견되기도 했다.

나만 콜럼버스의 신내륙 항해로 시작된 신항로 개척 시대가 매독을 단숨에 전 세계로 퍼뜨리는 역할을 한 것은 사실이다. 1498년 바스쿠 다 가마가 희망봉을 돌아 인도로 가는 항로를 개척하자 매독은 순식간에 인도까지 도달했다. 그 후 동남아시아, 중국으로 급속히 전파되었고 1512년에는 일본의 오사카에서도 매독 환자가 발생했다는 보고가 있다. 동아시아 일대에 기승하던 왜구들이 일본 열도로 매독을 옮긴 것으로 추정된다.

보르자 가문의 야망

보르자

말라리아로 좌절된 이탈리아반도 통일

프랑스 왕 샤를 8세의 군대가 매독으로 황급히 철수한 후, 이탈리아반도에서는 보르자 가문의 부자가 새로운 지배자의 자리에 눈독을 들였다. 로마 교황 알렉산데르 6세와 그의 서자인 체사레 보르자Cesare Borgia(1475?~1507) 부자였다.

체사레 보르자는 야망을 노골적으로 드러내는 남자였다. 그는 로마 교황군의 사령관이 되어 로마 주변의 도시 국가 정복에 나섰다. 체사레 보르자는 베네치아를 손에 넣었고, 피렌체를 고립시켰다. 체사레 보르자가 이탈리아의 도시 국가를 모조리 집어삼킬지 모른다는 공포가 이탈리아 전역을 휩쓸었다.

그러나 보르자 가문의 야망은 중도에서 끝나고 말았다. 1503년 여름, 아버지인 교황 알렉산데르 6세가 열병으로 몸부림치다 유명을 달리했고, 체사레 보르자도 같은 열병으로 빈사상태가 된 것이다. 교황이라는 든든한 뒷배를 잃은 체사레에게

빈틈이 생겼다. 안 그래도 적이 많았던 그이다. 새로 교황이 된 율리오 2세(재임 1503~1513)가 체사레 보르자를 체포하였고, 미래를 장담할 수 없는 상황이 펼쳐졌다.

기세등등하던 보르자 가문의 부자가 갑작스럽게 나란히 열병에 걸린 걸 두고, 사람들은 그들이 독약을 제조하다 실수로 독성에 노출된 것이 아니냐며 쑤군거렸다. 보르자 가문은 본래 독약 사용의 명수로 독약을 써 정적을 처단했던 전력이 많았다. 그런데 그 독약이 도리어 그들을 옥죄는 수단이 되었다는 것이다.

자신의 앞날에 방해가 된다면 그 누구라도 서슴지 않고 암살을 일삼던 냉혹한 체사레 보르자였기에 제법 그럴듯한 이야기처럼 느껴지기도 하지만, 사실 보르자 가문을 쓰러뜨린 건 말라리아였다는 게 진실에 가깝다. 앞서 언급했듯 로마는 말라리아를 특산품이라고 불러도 좋을 정도로 말라리아의 온상지였다. 여름이면 말라리아를 옮기는 학질모기가 대량으로 발생하던 로마에서 신성 로마 제국의 황제들 여럿이 말라리아로 야심을 접어야 했고, 이번에는 보르자 가문의 부자가 야망을 접을 차례가 온 것이다.

보르자 가문의 부자가 꿈꾸던 마지막 목표는 이탈리아반도의 통일이라고 알려져 있다. 보르자 부자는 외적에 효과적으로 대항할 수 있는 통일된 강력한 이탈리아 왕국을 건설하겠다는 계획을 세웠다. 강한 방어력은 곧 보르자 가문 부자의 신변 안위로 이어질 테고, 이탈리아 르네상스로 시작된 번영을 지킬 수 있는 길이었기 때문이다. 그러나 이들 부자가 말라리아로 사망하면서 이탈리아의 통일은 늦어졌고, 19세기 후반까지 기다려야 했다. 그때까지 이탈리아의 도시 국가 대부분은 여러 외세의 통치를 받을 수밖에 없었다.

콩키스타도르의 정복

스페인이 중남미 제국을 삽시간에 함락시킬 수 있었던 까닭

1492년 콜럼버스의 신대륙 항해 후 중남미를 제패한 나라는 스페인이었다. 정복 사업은 피사로와 코르테스와 같은 스페인 출신 콩키스타도르Conquistador(정복자)가 추진했다.

코르테스는 1519년 멕시코에 베라크루스Veracruz라는 도시를 건설한 후, 1521년에는 아스테카 왕국을 정복했다. 코르테스 휘하의 병사들은 고작 400명 남짓한 규모였는데, 그런 소규모 부대로 중미 일대를 호령한 제국을 하루아침에 무너뜨린 것이다. 후발 주자였던 피사로는 1532년에 잉카의 마지막 황제 아타우알파Atahualpa(재위 1532~1533)를 인질로 잡고, 이듬해인 1533년에는 잉카를 완전히 정복했다. 피사로의 부대는 180명에 불과했다.

피사로와 코르테스 같은 콩키스타도르가 말도 안 되는 소수의 인원으로 거대한 제국을 정복할 수 있었던 비결 중에는 돌

림병이 있다. 코르테스와 피사로의 군단이 신대륙에 천연두와 홍역을 대유행시킨 것이다.

그때까지 신대륙에는 천연두와 홍역이 존재하지 않았기에 선주민인 인디오들은 천연두와 홍역에 면역력이 없었다. 면역력이 없었기에 천연두와 홍역 바이러스가 유입되자마자 병에 걸렸고 얼마 후 사망했다.

천연두와 홍역은 모두 공기로 감염되며 전염력이 강력하다. 면역력이 없으면 치사율도 높았다. 잉카 제국은 피사로와 싸우기 전에 이미 천연두와의 싸움에서 패배했다. 피사로가 오기 전인 1525년부터 잉카 제국에서는 천연두가 유행하기 시작해 우아이나 카팍Huayna Capac(재위 1493~1527) 황제와 후계자가 천연두로 쓰러졌고, 궁정의 유력자들도 줄줄이 병사했다.

이 낯선 역병은 지위 고하를 막론하고 공격하였고, 잉카의 백성들은 매일같이 천연두와 홍역으로 쓰러졌다. 여러 설이 있으나, 코르테스가 오기 전에 아스테카 왕국의 인구는 1,700만 명 정도로 추정된다. 그러던 것이 1608년이 되면 100만 명으로 급감하였다고 한다. 병마에 지친 중남미 인디오들은 코르테스와 피사로와 싸울 여력이 없었다.

중남미 인디오들이 스페인에게 쉽게 굴복한 또 하나의 이유는 스페인인이 신의 가호를 받고 있다고 믿었기 때문이다. 코르테스와 피사로 같은 스페인인들은 천연두와 홍역에 면역력이 있어 병에 걸리지 않았고, 인디오의 눈에는 마치 신의 가호를 받는 것처럼 보였을 것이다. 사실 홍역의 경우, 집단 면역이 형성되면 치사율이 0.2% 정도로 그다지 높지 않다. 인디오들은 역병에 걸리지 않는 스페인 사람들에게서 기적을 보았고, 그들을 흡사 신이라도 된 양 떠받들었다.

크리스트교의 신과 인디오들이 믿는 신이 대결을 펼친 승부의 장이었다. 아스테카도 잉카도 일종의 신정 국가였고 신에게 산 제물을 바치는 풍습도 있었다. 인디오들은 자신들이 믿는 신이 수호자 역할을 하지 못하고 크리스트교를 믿는 코르테스와 피사로가 신의 가호를 받는 모습을 보았다. 그 순간 그들 안에 있던 저항 정신이 사라졌다.

중남미에서는 코르테스와 피사로의 정복 후에 인디오들이 크리스트교로 차례차례 개종했다. 개종은 강제성을 동반하기도 했으나, 인디오들은 자신들을 지켜주지 못한 무능력한 신을 버리고 자발적으로 세례를 받고 개종하기도 했다. 천연두와 홍역이라는 감염병이 전통적 신앙을 파괴하고 전통 사회를 와해시킨 것이다.

북미 선주민의 몰락

영국인과 싸우기 전에 천연두와 이질로 인한 인구 격감

15세기 이후 중남미 인디오를 덮친 비극은 바야흐로 북미 대륙의 선주민인 인디언들을 덮쳐 비극의 역사가 되풀이되었다. 북미의 선주민과 영국인 이민자 사이의 갈등은 17세기 초반에 시작되었다. 선주민들은 영국인 이민자들이 약탈을 자행하자 후퇴한 것으로 알려졌으나, 사실 영국이 본격적으로 진출하기에 앞서 천연두와 홍역 앞에 무릎을 꿇은 상태였다.

북미의 선주민들도 천연두와 홍역에 면역력이 없었다. 북미 대륙에는 스페인인들에 의해 15세기 말에 천연두와 홍역이 들어온 것으로 추정된다. 선주민들은 스페인인과 접촉하는 과정에서 감염되었다.

최근 연구에 따르면 백인이 들어오기 전에 북미 대륙에는 약 2,000만 명의 선주민이 살았다고 추정된다. 미시시피강 유역은 농경지로, 그 정도의 인구 부양력은 갖추고 있었기에 논리적으로 모순되지 않는다. 그러다 17세기 초반이 되어 선주민들이 영국인 이주자들과 접촉하고 전투로 살을 부대낀 이후, 인구가 100만 명가량으로 곤두박질쳤다.

1세기 남짓한 기간에 천연두와 홍역이 북미 대륙을 휩쓸고 지나가며 선주민들이 허부하게 쓰러졌다. 그때 전체 인구의 95%가 사라졌다. 16세기 미시시피강 유역에는 대규모 선주민 마을이 여러 곳 있었는데, 17세기에는 모두 자취를 감추었다.

전사 문화가 있던 북미 선주민들은 백인이 들여온 말을 금세 자유자재로 탈 정도로 적응력이 뛰어났다. 그들의 인구가 많았더라면 영국인들의 북미 정복도 쉽지 않았을 것이다. 하지만 영국인이 들어오기도 전부터 인구가 급감했기 때문에 선주민들은 영국인을 무찌를 힘이 없었다.

무적함대의 파멸

발진 티푸스로 약해진 스페인 해군

16세기 스페인은 중남미를 지배하며 세계 제국을 구축했다. 그 상징은 유명한 무적함대La Armada Invencible였다. 거침없이 세계를 쥐락펴락하던 스페인의 영광에 일격을 가한 나라는 엘리자베스 1세 시대의 잉글랜드였다. 1588년, 영국해협에서 잉글랜드 해군은 스페인의 무적함대를 보란 듯이 격파했다. 이 사건으로 잉글랜드는 스페인의 콧대를 꺾으며 잉글랜드의 성장을 전 유럽에 알렸는데, 사실 스페인 해군의 패배는 예정되어 있던 수순을 밟은 것뿐이었다. 스페인군 선내에 이질과 발진 티푸스가 창궐했던 것이 그중 하나의 원인이다.

이질은 오염된 음식물과 식수로 인하여 발생한다. 스페인의 무적함대는 잉글랜드 함대와의 전투 준비에 너무 많은 시간을 들였다. 일찌감치 선내에 쌓아두었던 식량과 식수가 부패하기 시작했고, 선내에는 이질이 퍼졌다.

무적함대의 칼레 해전 모습을 묘사한 그림. 감염병은 무적함대의 패배에 결정타를 날렸다.

인간은 리케치아 프로바체키Rickettsia prowazekii라는 병원체를 매개로 발진 티푸스에 감염되는데, 발진 티푸스 자체는 고대부터 존재하던 역병으로 보인다. 유럽에서는 스페인이 이슬람 세력을 상대로 전개한 국토 회복 운동(레콩키스타)이 무르익던 1480년부터 1490년 사이에 유행했다. 그 후로도 주기적으로 발진 티푸스가 유행했다.

발진 티푸스는 사람들이 좁고 불결한 공간에서 밀집해서 생활할 때 퍼지기 쉬운 감염병이다. 비위생적이고 불결한 좁은 선

내는 발진 티푸스가 창궐하기 딱 좋은 환경이었기에 발진 티푸
스는 기다렸다는 듯 무적함대를 덮쳤다.

사실 무적함대만큼이나 잉글랜드 해군도 이질로 고생하고
있었기에 피장파장인 상황이었다. 그렇지만 잉글랜드 해군은
자국 병사들이 이질로 더는 움직일 수 없게 되기 직전에 선제
공격을 감행할 수 있었다. 무적함대는 명성에 걸맞지 않은 볼썽
사나운 모습으로 패배하였고 세계사의 뒷무대로 쓸쓸이 퇴장
하였다.

매독으로 쓰러진 왕들

문란한 성생활로 왕조를 혼란에 빠뜨린 이혼왕과 뇌제

16세기는 매독이 세계적으로 대유행하여 매독의 세기라고 불러도 과언이 아니다. 당대 최고의 권력자였던 왕들도 매독을 피해 가지 못했다. 잉글랜드의 헨리 8세(재위 1509~1547)와 모스크바 대공국의 차르 이반 4세(재위 1533~1584)도 매독으로 죽음에 이르렀다. 매독 외에도 헨리 8세와 이반 4세는 왕조를 혼란에 빠뜨리고 대를 끊은 업을 쌓았다는 공통점이 있다.

두 왕은 모두 몇 번의 이혼과 결혼을 반복했다. 헨리 8세는 여섯 명의 왕비를 두었고 첫 번째 아내와 이혼하기 위해 가톨릭에서 이탈해 잉글랜드 성공회를 설립했다. 이반 4세는 일곱 명의 여성과 결혼했다. 두 왕 모두 언제 매독에 걸려도 이상하지 않을 정도로 사생활이 문란했다.

그런데 두 사람은 여자는 많았어도 자식 복이 없었다. 헨리 8세는 자녀로 에드워드 6세(재위 1547~1553)를 유일한 아들로

두었고 나머지는 메리와 엘리자베스라는 딸이 있었다. 에드워드 6세는 병약한 체질로 골골 앓다가 열여섯 살에 세상을 떠났다. 누나들인 메리 1세(재위 1553~1558)와 엘리자베스 1세(재위 1558~1603)가 즉위했으나 모두 후사를 보지 못했기에 튜더 왕조는 대가 끊길 수밖에 없었다.

뇌제雷帝, Ivan the Terrible라는 무시무시한 별명으로 알려진 폭군의 대명사 이반 4세는 헨리 8세보다도 자식 복이 없어서 요절한 자녀가 많았다. 그중에서도 황태자로 책봉된 이반은 성인으로 성장했으나 어이없게도 정신이 나간 이반 4세가 폭주해 귀한 아들을 부지깽이로 때려 죽이고 말았다.

매독 말기에는 종종 정신 이상이 일어난다. 이반 4세는 매독 합병증으로 정신 착란을 일으킨 것일 수도 있다. 어쨌든 아들을 앞세운 그는 3년 후에 아들을 따라 저세상으로 갔다. 남은 이반 4세의 아들인 표도르가 즉위했는데 병약해서 마흔 살에 일찍 세상을 뜨며 이반 4세의 혈통은 대가 끊겼다. 모스크바 대공국은 소멸의 길에 들어섰고 새로운 로마노프 왕조가 탄생했다.

이반 4세와 헨리 8세 모두 정신 착란 증상을 겪었다. 정신이 온전치 못했는지 헨리 8세는 만년에 처형을 즐겼다. 이반 4세도 뇌제라는 별명답게 살육을 즐겼다. 매독이 원인이 된 두 왕의 폭거는 나라를 혼란에 빠뜨렸고 결국 왕조의 교체를 불러왔다.

예술가의 재능을 꽃피운 매독?

매독은 15세기 말부터 세계적으로 유행하기 시작하여 17세기 초가 되면 독성이 어느 정도 사라지게 되었다. 그럼에도 불구하고 여전히 사람들을 괴롭히는 고약한 감염병이기는 마찬가지였고, 18~19세기에는 유럽에서 크게 유행하였다.

당시 유럽에서 매독을 앓은 인물 중에는 유독 예술가와 문화인이 많았다. 이름이 알려진 인물로는 시인인 하이네와 보들레르, 작곡가 슈베르트, 슈만, 스메타나, 소설가 모파상, 화가인 마네와 툴루즈 로트렉, 철학자 니체 등 하나하나 열거하기 어려울 정도로 많은 이들이 매독을 앓았다. 십중팔구 여자를 좋아하는 방탕한 생활 탓에 매독에 걸렸을 것이다. 대개 젊은 시절 이 몹쓸 병을 얻었기 때문이다.

당시 유럽의 대도시에는 몸을 파는 일을 직업으로 삼아 살아가는 윤락 여성이 많았다. 베를린시를 대상으로 한 조사에 따르면 1859년 베를린의 성매매 여성의 수는 약 8,000명이었고, 1905년에는 5만 명까지 늘어났다.

대개 여공이나 허드렛일을 하던 하녀들이 더 많은 수입을 찾아 거리로 나섰다. 그녀들은 부를 좇아 찰나의 젊음을 팔며 거리의 여자가 되었다. 당연히 매독이 활개를 치게 되었다. 화가 마네와 툴루즈 로트렉은 이런 여성들과 어울려 문란한 생활을 즐기다 매독에 걸렸다. 그러나 매독의 독성은 그들의 예술적 창의성을 손상시키지 못했다. 대다수는 매독에 걸린 후에도 수많은 걸작을 세상에 선보였기 때문이다.

매독은 때로 정신 착란을 동반한다. 독일의 철학자 니체와 프랑스의 작가 모파상도 만년에 매독으로 인한 정신 이상 증세를 보인 것으로 유명하다. 초인 사상으로 알려진 니체는 정신 착란을 일으킨 끝에 자신이 초인이라는 과대망상 환자나 할 법만 말을 담은 다소 민망한 편지를 써서 지인에게 보냈다. "내가 인간이라는 건 허상이다. 내가 인도에 있었던 무렵에는 붓다였고, 그리스에서는 디오니소스였다. 알렉산드로스 대왕과 카이사르는 나의 화신이었다"라며 횡설수설했다. 모파상 역시 정신 이상 증세에 시달렸는데, 자살 미수를 시도했다가 회복하지 못하고 쇠약해져 결국 세상을 떠났다.

청의 부흥

페스트를 수습하여 국력을 유지한 만주족

만주족은 역병을 다스리며 마침내 대제국으로 거듭났다. 만주족은 본래 여진이라 불리던 민족으로 16세기 후반에 등장한 누르하치에 의해 통일되었다. 누르하치는 1619년 사르후 전투에서 명군을 무찌르는 공을 세우며 장수로서 명성을 얻었다. 그의 여덟 번째 아들인 홍타이지는 1636년 내몽골을 제압하고 국호를 청으로 바꾸며 명과 대립했다.

역사가 윌리엄 맥닐은 만주족이 명을 압박할 정도로 성장할 수 있었던 배경 중 하나로 만주족이 페스트를 통제한 것을 들었다. 페스트는 14세기 유럽에서의 대유행 이후로도 세계 각지에서 산발적으로 유행하였다. 언제 여러 지역에서 동시다발적으로 페스트가 창궐한다고 해도 이상하지 않을 상황이었다.

만주에는 페스트균의 숙주인 설치류가 서식했는데, 만주족은 이 설치류와의 접촉을 통제하는 법을 알았다. 만주에서 페스트균을 보유한 벼룩이 숙주로 삼았던 설치류는 마멋marmot 이라는 다람쥣과의 포유류다. 마멋의 가죽은 고급품으로 거래 되었기에 만주족도 마멋을 잡아 가죽을 벗겨 상품으로 가공해 수입을 얻었다.

그런데 이 마멋이 페스트를 앓고 있었는데도, 마멋을 숙주로 삼은 벼룩이 만주족 사냥꾼들에게 옮지 않았다. 오랜 기간 들 짐승을 다룬 사냥꾼들은 이미 마멋이 지닌 병을 알고 있었고 마멋을 다루는 방법에 통달했기 때문이다. 마멋도 페스트에 걸 리면 폐사하기 일쑤였다. 그래서 사냥꾼들은 움직임이 굼뜬 마 멋을 보면 사냥감으로 삼지 않고 가까이 다가가지도 않았다. 마 멋 떼에 병이 도는 기미가 보이면 만주족은 가재도구를 몽땅 챙겨서 아예 마멋 떼와 멀리 떨어진 곳으로 이주했다.

만주족은 자신들만의 율법을 만들어 엄격하게 지켰다. 덕분 에 페스트를 피할 수 있었고 인구도 유지할 수 있었다. 페스트 를 통제할 정도의 조심성은, 만주족이 청을 건국할 때까지 국 력을 유지할 수 있게 한 버팀목이 되었다.

만주족과 마멋의 사례를 보면, 한때 기세등등했던 중앙아 시아 유목 민족이 쇠퇴하게 된 원인 중 하나는 페스트와 관련 이 있을 것으로 추정할 수 있다. 14세기 페스트가 대유행하기 전까지 중앙아시아의 유목민들은 농경 지역에 진출해 약탈을 자행하곤 했다. 훈족, 마자르족, 돌궐, 에프탈, 위구르, 아바르족 등은 약탈 경제로 부족을 유지하는 한편, 무시무시한 기세로 말을 몰아 다른 부족이나 나라를 침공하였다. 하지만 그들은 14세기 이후로 세계사 무대에서 모습을 감추었다.

그 원인으로는 우선 대포와 소총 등 화기가 발달해 유목민 특유의 궁기병이 힘을 쓰지 못하게 된 것을 들 수 있다. 두 번째로 그들은 만주족과 달리 페스트에 대처하는 방법을 몰랐다. 유목민의 삶의 터전인 중앙아시아 지역은 몽골 제국 시대에 여러 상단이 교역을 위해 오가던 길목으로, 페스트가 전파되는 통로이기도 했다. 중앙아시아에 서식하는 설치류에 페스트균을 보유한 벼룩이 퍼질 때 유목민이 부주의하게 접근하기라도 하면 십중팔구 페스트에 걸렸을 것이다. 윌리엄 맥닐은 중앙아시아의 유목민이 페스트를 호되게 앓으며 정체기를 겪을 수밖에 없었을 것이라는 가설을 내놓았다.

반면 만주족과 몽골 고원의 부족들도 설치류와 더불어 살기는 매한가지였으나 그들은 접촉을 차단하고 통제하는 방법을 터득하고 있었다. 덕분에 17세기에 번진 페스트의 위협에도 쇠퇴하지 않고 국력을 보존할 수 있었다.

청의 중국 통일

명을 토대부터 썩게 한 역병

청淸(1616~1912)은 건국 이후 곧바로 명明(1368~1644)을 쓰러 뜨리지 못했다. 청은 명이 쌓은 만리장성을 쉽게 넘지 못하였는데, 만주와 중국 사이에 위치한 산해관山海關이라는 군사적 요충지를 뚫기 어려웠기 때문이었다. 하지만 청군과 명군이 산해관에서 대치하며 교착 상태가 유지되던 동안 결국 명은 안에서부터 무너져 내렸다. 명의 기세를 꺾은 것은 다름 아닌 역병이었다.

17세기 초반 중국은 역병으로 몸살을 앓고 있었다. 1640년대 초반에는 매년 역병이 발생할 정도였다. 1641년에는 허난, 허베이, 산둥, 산시에서 동시에 역병이 창궐해 가는 곳마다 발 디딜 틈 없이 시신이 쌓여 있었다. 이때의 역병은 천연두와 페스트로 추정되는데, 엎친 데 덮친 격으로 흉년까지 들어 사람들의 굶주림이 한계에 달했다.

명의 16대 황제 숭정제(재위 1627~1644)는 위기에 대처하려고 나름대로 노력하였으나 궁정 내부에서 정쟁이 끊이지 않아 혼란을 수습할 수 없었다. 사회적 불만은 이윽고 폭동과 반란으로 이어졌고, 반란군의 영수로 이자성이라는 인물이 등장하였다. 이자성이 이끄는 반란군은 1641년에 뤄양을 함락시키면서 세력을 키워나가고 있었다.

숭정제는 이자성의 반란군을 진압하려 했으나 마땅한 대책이 없었다. 명군의 주력 부대는 산해관에서 만주족을 막기 위해 붙박이로 주둔해야 했고, 이 부대를 베이징으로 이동시키면 이번에는 청이 산해관을 뚫고 베이징으로 쳐들어올 공산이 컸다. 숭정제가 이러지도 저러지도 못하던 사이, 이자성의 반란군이 베이징을 공격해 수도를 함락시켰다.

산해관을 지키던 명의 주력 부대는 그 소식을 들은 뒤 청군에 항복하였고, 청군은 베이징에 입성해 이자성의 반란군을 토벌하였다. 마침내 청은 중국을 제패하였고, 그들의 옛 고향인 만주에는 한족의 이주를 금하는 봉금령封禁領을 시행했다. 덕분에 청 제국 시대에는 만주로 페스트가 넘어가 활개를 치지 못하였다.

만주에서 페스트가 다시 맹위를 떨치게 된 시기는 청이 무너진 1911년 무렵이다. 붕괴 직전이었던 청이 한족의 만주 이주를 허가하며 사달이 났다. 만주족은 페스트균을 보유한 마멋을 다루는 방법을 알고 있었지만, 한족은 이런 지식이 없었다. 한족은 마멋의 가죽을 얻기 위해 무분별하게 사냥에 나섰고 고스란히 페스트에 노출되었다.

30년 전쟁

발진 티푸스, 페스트, 이질의 전시장이 된 독일

유럽에서 16세기부터 시작된 신교와 구교 사이의 갈등은 17세기 들어 급기야 30년 전쟁으로 격화되었다. 독일을 중심으로 1618년부터 시작된 30년 전쟁으로 독일의 국토는 황폐화되었고 인구가 급감하여 결국 나라가 분열되기에 이르렀다. 전쟁은 참혹했고, 그 와중에 역병까지 돌았다.

30년 전쟁은 독일 내부에서 독일인들끼리 치른 집안싸움이 아니었다. 대국 스페인이 가톨릭 구교 편을 들어 참전했고, 프로테스탄트 신교 진영에는 스웨덴과 덴마크가 가세했다. 여러 나라의 군대가 독일 전역을 휩쓸며 곳곳에서 전투를 벌였기 때문에 도처에 역병과 기아가 만연하며 수많은 주민이 목숨을 잃었다.

30년 전쟁으로 인한 사망자는 약 750만 명으로 추정된다. 사망자 명단에 오른 이들 중 군인은 약 35만 명에 불과했고, 나머지는 모두 민간인이었다. 민간인과 군인의 사망자 비율은 약 20 대 1로, 너무 많은 민간인이 희생되었다. 민간인 희생자 중에는 전쟁보다도 역병과 굶주림으로 목숨을 잃은 이들이 많았다. 30년 전쟁은 역병의 전시장과도 같았기 때문이다.

30년 전쟁 초반에는 발진 티푸스가 유행했다. 발진 티푸스는 16세기 스페인과 프랑스가 이탈리아에서 벌인 전쟁에서도 대유행해 프랑스군을 괴롭혔는데, 30년 전쟁에서도 재유행하였다. 30년 전쟁 후반에는 페스트가 맹위를 떨쳤다. 페스트는 14세기 대유행 이후, 잊을 만하면 한 번씩 나타나 유럽을 휩쓸었고 30년 전쟁에도 어김없이 찾아와 활개를 쳤다. 발진 티푸스와 페스트 외에도 이질과 디프테리아, 장티푸스 등이 창궐했다.

30년 전쟁 시기 독일이 역병의 종합 전시장이 되었던 데는 몇 가지 이유가 있다. 우선 외국 군대를 통해 역병이 영내에 들어왔고, 전쟁으로 인해 국토가 황폐해지며 도시와 농촌을 막론하고 환경이 열악해진 것이다. 위생이나 청결과는 거리가 먼 환경 속에서 군대가 역병을 흩뿌리며 여기저기 휘젓고 다녔으니 역병이 퍼지지 않을 수가 없었다.

30년 전쟁은 1648년 베스트팔렌 조약Westfälischer Friede이 체결되며 막을 내렸다. 베스트팔렌 조약은 여러 나라가 참여한 국제 조약의 본보기가 되었다. 각국은 종교 전쟁의 폐해를 깨닫고 평화를 되찾기 위해 움직였다. 사람들은 전쟁이라면 치를 떨었고 지긋지긋한 역병에 넌덜머리가 났다. 다국 간의 조약으로 근대적인 의미의 국제 사회를 구축한 베스트팔렌 체제는 역병으로 얻은 뜻밖의 선물이라고 할 수 있다.

찰스 1세의 처형

내전 승리의 기회를 발진 티푸스로 잃은 잉글랜드의 왕

독일에서 30년 전쟁 와중에 창궐한 발진 티푸스로 주민들이 괴로워하던 무렵, 잉글랜드에서도 마찬가지로 발진 티푸스가 유행했다. 또한 발진 티푸스는 국왕 찰스 1세(재위 1625~1649)의 운명을 뒤흔들어 놓기도 했다.

1640년대, 잉글랜드에서는 찰스 1세와 의회 사이의 대립이 급기야 내전으로 발전하였다. 양자 간에 대립의 골이 깊어져 타협점을 찾을 수 없게 된 건 정쟁의 밑바탕에 종교 대립이 깔려 있었기 때문이었다. 찰스 1세는 가톨릭을 옹호하는 왕이었고, 잉글랜드 의회는 가톨릭에 반대하는 입장이었다. 왕과 의회의 대립에서 시작된 내전은 종교 전쟁이기도 했다.

1642년에 발발한 내전으로 찰스 1세는 런던을 떠나 요크로 피신하였고, 런던 탈환을 위해 노력하였다. 의회파에는 청도교인 크롬웰이 포진하고 있었는데, 당시에는 아직 군인으로서의 자질이 발현되지 않고 있었다. 1642년 10월 엣지힐 전투에서 찰스 1세를 지지하는 왕당파의 군대가 승리하였고, 이후로도 승승장구해 런던 탈환을 목전에 두었으나 불발로 끝났다. 왕당파 내부에 난데없이 발진 티푸스가 돌았던 것이다. 갑작스러운 돌림병으로 내전에서 승리할 수 있는 절호의 기회를 잃어버리자 왕당파의 기세가 꺾였다.

그 후 크롬웰이 군인으로서 두각을 나타내면서 의회파의 승리로 전세가 기울었다. 크롬웰이 이끄는 의회파는 왕당파와의 전투에서 연전연승했고, 찰스 1세를 포로로 사로잡기에 이르렀다. 1649년 크롬웰은 왕을 재판에 회부하여 처형하였다. 이와 같은 일련의 사건을 청교도 혁명Puritan Revolution이라 부르는데, 찰스 1세는 발진 티푸스로 최악의 운명을 맞이하게 된, 감염병의 부수적인 피해자였던 셈이다.

노예무역과 흑인

아프리카에서 말라리아가 만연한 카리브로 보내진 흑인

16세기부터 19세기에 걸쳐 유럽은 번영했다. 유럽이 세계사의 무대 위에서 화려한 모습을 뽐내는 동안 무대 뒤에는 노예무역이라는 그늘이 있었다. 유럽 상인들이 아프리카 대륙에서 흑인들을 끌고 와 카리브해 일대의 사탕수수 플랜테이션 농장의 노예로 마구 부렸던 것이다. 흑인의 눈물로 생산된 설탕은 본국으로 보내져 유럽의 백인들이 막대한 이익을 챙기는 시스템의 기반이 되었다.

당시 유럽인들은 인종차별 의식을 기본으로 깔고 있었기에 아프리카의 흑인들을 죄책감 없이 노예로 부리고 있었다. 여기에 아메리카 대륙을 휩쓴 역병으로 그 지역의 노동력이 부족해지자 역병에 비교적 강했던 흑인들을 노린 노예무역이 성행하게 된 것이다.

카리브해의 설탕 플랜테이션 농장에서 처음부터 흑인 노예를 쓴 것은 아니었다. 초반에는 카리브해와 중미의 인디오, 그리고 유럽에서 숙식을 제공한다는 조건으로 데려온 날품팔이 백인 일꾼들을 노동자로 썼었다. 그러나 농장의 가혹한 노동 조건에 이들은 쉽게 나가떨어졌다.

유립인 경영자들은 노동자들을 죽도록 부려먹었고 혹사당한 노동자들은 얼마 지나지 않아 노동력을 상실했다. 대체 인력으로 새로 인디오들을 데려와 보충하는 데에도 한계가 있었다. 인디오들은 스페인이 들여온 천연두와 홍역으로 이미 많은 수가 병사해 인구가 이미 줄어들 대로 줄어 있었기 때문이다. 그러자 유럽인 경영자들은 아프리카 흑인 노예에 눈독을 들였다. 아프리카 흑인들이 말라리아에 어느 정도 내성이 있었던 점도 감안했다.

카리브해의 섬과 중남미 일대는 말라리아가 창궐하기 쉬운 풍토였다. 그곳으로 이주한 유럽인들도 때로 말라리아로 몸살을 앓았다. 그러나 아프리카 대륙에서 온 흑인들은 달랐다. 아프리카 대륙은 말라리아, 그것도 독성이 강한 악성 열대열 말라리아가 맹위를 떨치는 지역이다. 말라리아 원충에는 네 가지 종류가 있는데, 그중에서도 특히 열대열 말라리아 원충이 무섭다. 열대열 말라리아 원충이 학질모기를 매개로 사람의 몸속으로 들어오면 치사율이 껑충 뛰어오르기 때문이다.

18세기 무렵의 삼각무역

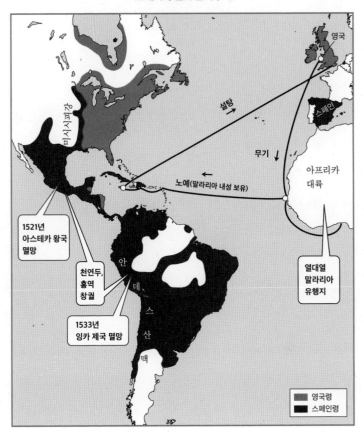

열대열 말라리아의 원충은 열대 기후에서만 서식한다. 아프리카 대륙의 열대 지역에서 생활하던 흑인들은 열대열 말라리아와 공존하면서 자연스럽게 말라리아에 대한 내성을 갖추게 되었다. 유럽인들은 아프리카 대륙에 상륙하면 열대열 말라리아를 호되게 앓았고, 고열에 시달리다 병사하는 경우가 많았다. 그런데 주위의 흑인들은 멀쩡했다. 말라리아에 걸리더라도 심하게 앓지 않았다. 유럽인들은 아프리카의 흑인이 말라리아에 강하다는 사실을 경험적으로 깨닫게 되었다. 그래서 마찬가지로 말라리아가 기승을 부리는 지역인 카리브해의 섬으로 보내자는 못된 꼼수를 짜냈다.

유럽인이 직접 흑인 사냥에 나서지 않았던 건 역시 말라리아가 두려웠기 때문이다. 흑인 사냥을 위해 아프리카 대륙의 오지까지 들어가면 자신들이 열대열 말라리아로 사망할 위험이 커진다. 그래서 유럽인들은 대신 노예사냥에 나설 흑인 부족에게 무기를 지급하고 오지로 가서 흑인 노예를 잡아 오게 시켰다.

유럽인들은 흑인을 이용해 말라리아를 교묘하게 피했다. 이것이 노예무역이 오래도록 이어진 이유 중 하나다. 하지만 여우를 피하려다 호랑이를 만난다는 말처럼 말라리아를 피하려고 시작한 노예무역은 카리브해 섬들에 열대열 말라리아를 유입시키는 촌극을 빚었다.

예수회의 세계 진출

가톨릭 선교를 뒷받침한 말라리아 치료제 기나나무 껍질

16세기, 루터와 칼뱅이 주도한 종교 개혁의 불씨가 들불처럼 번져 나가며 가톨릭 교단은 꽤나 속을 썩여야 했다. 그 과정에서 가톨릭이 반격을 위해 내놓은 회심의 패가 예수회Societas Iesu라는 조직이었다.

예수회는 1534년 이냐시오 데 로욜라, 프란치스코 하비에르 등의 수도사들이 창립한 수도회 조직이다. 수도사들은 가톨릭의 복음을 전파하기 위해 어떤 고난도 마다하지 않는 신의 전사들이었다. 예수회 선교사들은 유럽 너머의 세계, 아직 가톨릭이 전해지지 않은 지역으로 건너가 전도하기 시작했다.

물론 세계 곳곳에는 역병이 기승을 부리는 지역이 많았다. 특히 열대는 말라리아가 제집 안방처럼 활개를 치는 지역이었다. 예수회 선교사들이 제아무리 불굴의 용기를 지닌 전사라고 할지라도 말라리아를 이길 수는 없었다.

온갖 역경에도 예수회 선교사들은 전도에 매진하였고 소정의 성과를 내었다. 사실 예수회는 말라리아에 대처할 수 있는 비장의 무기를 가지고 있었다. 그 덕분에 예수회가 여러 지역에서 가톨릭 복음을 전파할 수 있었다고 해도 과언이 아니다. 예수회에서는 말라리아 치료제인 기나幾那, Quinine나무의 껍질이 있었던 것이다.

예수회는 남미를 정복한 스페인인을 통해 기나나무 껍질을 만났다. 스페인 사람들은 안데스산맥 일대를 통치하며 인디오들이 안데스에 자생하는 기나나무 껍질을 생명의 나무라고 부르며 숭배한다는 사실을 알게 되었다.

기나나무는 안데스산맥 동부가 원산지인 상록수로, 현지의 인디오들은 예부터 이 나무의 껍질과 뿌리를 빻아 섞은 것으로 열병을 치료하고 있었다. 스페인인들이 이 광경을 보고 나름의 예방책으로 활용하게 된 것이다. 기나나무 껍질의 효능이 과학적으로 입증된 것은 19세기 들어서 퀴닌 성분을 추출해 만든 말라리아 약이 제조되면서부터인데, 물론 당시 스페인 사람들이 거기까지 안 것은 아니었다. 다만 이 신비로운 나무껍질의 효과를 본능적으로 주목했을 뿐이다.

당시 예수회 소속 선교사들은 스페인인을 대동하고 남미 지역 선교에 나서곤 했다. 예수회 선교사는 스페인 사람들에게

이 나무껍질의 효능을 전해 들었고 1630년대 유럽으로 들여왔다. 기나나무 껍질은 유럽에서 '예수회의 가루약'이라 일컬어지며 그야말로 예수회를 상징하는 약으로 자리매김했다. 기나나무 껍질로 말라리아에 어느 정도 대처할 수 있게 된 예수회는 기나나무 껍질을 가톨릭 복음 전파를 위해 신이 내려 준 영약으로 대했다.

한편 예수회에 의한 기나나무 껍질의 유럽 도입은 오늘날의 신약 발명과 맞먹는 일대 사건이었다. 도입 초기에는 신교도들을 중심으로 이 낯선 나무껍질을 의심의 눈초리로 바라봤기에 유럽에서 쉽게 받아들여지지 않았다. 그러다 잉글랜드의 찰스 2세(1660~1685)와 프랑스의 루이 14세(재위 1643~1715)의 병에 이 수상한 나무껍질이 쓰이게 되었고, 그 효험이 증명되며 신뢰를 얻었다. 마침 유럽에서 자연과학이 발달하기 시작하던 시대였다. 유럽인은 기나나무 껍질이라는 신약을 받아들이며 역병에 대항할 수 있는 새로운 약을 모색하게 되었다.

5장

발전된 과학으로
감염병을 다스린 나라가
세계를 제패하는 시대

각기병의 유행

에도 시대, 도시에 창궐한 원인 불명의 괴질

도쿠가와 이에야스(1542~1616)가 에도 막부를 연 뒤 17세기부터 18세기에 걸친 에도 시대(1603~1868)의 초중반, 일본은 오랫동안 지속된 평화를 만끽하고 있었다. 그러면서 버려둔 땅에 대한 개간 사업을 활발하게 진행하였고 경지 면적이 두 배가까이 증가했다. 쌀 수확이 갑절로 늘어나자 일본에서는 경제적 풍요를 바탕으로 학문과 예술이 발달한 겐로쿠 문화元禄文化가 꽃을 피웠다.

하지만 이와 별개로 일본 열도에는 꾸준히 역병이 창궐하고 있었고, 역병에 대항할 방법은 여전히 오리무중이었다. 그 무렵, 수도인 에도와 상업 도시인 오사카의 주민들이 새로운 병으로 고생하고 있었다. 바로 각기병이었다. 각기병은 비타민 B_1을 비롯한 비타민 결핍으로 생기는 것으로, 다리가 붓고 온몸이 나른해지다 악화되면 심장마비로 사망할 수도 있는 무서운 질병이었다.

각기병은 원래 벼농사를 주로 하던 지역에 퍼져 있던 병이다. 인도와 중국이 대표적이고 일본에서도 고대부터 왕과 귀족이 각기병에 걸렸다는 기록을 찾을 수 있다. 그래도 흔한 질병은 아니었는데, 에도 시대에 접어들면서 심상치 않은 기세로 각기병 환자가 늘어난 것이다. 에도 시대에 각기병은 주로 에도에 거주하는 고위 무사 가문과 오사카의 거상들이 앓는 병이었다. 그러다 겐로쿠 시대 무렵이 되면 부유한 평민들도 각기병에 시달리게 되었다.

당시 일본인의 관점에서 각기병은 도저히 이해할 수 없는 수수께끼 같은 병이었다. 가난한 사람은 각기병에 걸리지 않았던 것이다. 각기병은 먹고사는 데 지장이 없는 잘사는 사람들이 걸리는 희한한 병이었다.

왜 부유한 사람들만 각기병에 걸렸을까? 이유는 밥에 있었다. 당시 형편이 넉넉한 사람들은 흰 쌀밥을 즐겨 먹었다. 일본인에게 있어 윤기가 자르르 흐르는 흰 쌀밥은 선망의 대상이었다. 쌀겨를 깨끗하게 벗겨내어 뽀얀 속살을 드러낸 쌀은 보고만 있어도 입가에 흐뭇한 미소를 띠게 만드는 존재였다. 그래서 경제적 여유가 생기면 너도나도 밥상에 쌀밥부터 올렸다. 모락모락 김이 나는 따끈한 흰 쌀밥 한 그릇에 소박한 반찬을 곁들이면 진수성찬이 따로 없었다. 그런데 백미에서 쌀겨를 벗겨내는 과정에서 비타민 B_1이 풍부한 쌀겨와 쌀눈도 같이 깎여나가는 게 문제였다.

잘사는 사람들은 비타민 B_1이 없는 흰 쌀밥을 편식했기 때문에 각기병에 걸렸다. 반면 가난한 사람은 비타민 B_1이 풍부한 보리와 잡곡을 섞어 밥을 지었기에 각기병과 인연이 없었다. 오늘날 일본인은 쌀밥과 함께 고기, 생선, 채소 등 다양한 반찬을 함께 먹는다. 반찬을 통해 비타민 B_1이 보충되면 각기병에 걸리지 않는다. 그러나 에도 시대에는 쌀 생산량이 는 것이지 반찬으로 먹을 찬거리가 다양해진 것이 아니었다. 채소 절임과 푸성귀 반찬만으로는 각기병을 피할 수 없었다.

상다리가 부러질 정도로 산해진미를 차려놓아도 흰 쌀밥만 많이 먹으면 마찬가지로 각기병에 걸릴 수 있다. 오늘날에도 반찬은 손도 대지 않고 밥만 편식하는 어린이들이 종종 있는데, 에도 시대의 성인들도 편식이 심했다. 각기병은 쌀 증산이 가져온 백미 편식이 낳은 부자 병이었다.

한편 당시 사람들은 각기병을 전염병이라고 믿었고, 주로 에도 사람들이 앓는다고 해서 에도 병이라고 불렀다고 한다. 지방 출신 무사들도 에도로 이주해 사는 기간이 길어지면 여지없이 각기병에 걸렸다. 시골에서는 보리와 잡곡을 섞어 밥을 지어 먹었더라도 에도에 오면 쌀이 넘쳐났기에 흰 쌀밥을 편식하게 되었고, 그렇게 각기병에 걸렸다. 그런데 에도에서 각기병을 앓던 지방 무사들이 고향으로 돌아가면 보리와 잡곡을 섞어 지은 거친 밥을 먹는 평소 식생활로 돌아가야 한다. 그러면 언제 그랬냐는 듯이 각기병이 씻은 듯이 나았고 건강을 되찾을 수 있었다.

1910년이 되어서야 현미가 각기병 예방에 효과가 있다는 사실이 판명되었다. 스즈키 우메타로(1874~1943)라는 과학자가 현미에 오리자닌Oryzanin이 함유되어 있고, 이 성분이 각기병을 예방한다는 사실을 발견했다. 오리자닌의 주성분은 비타민 B_1이다. 그때까지 각기병은 일본의 국민병이었고, 각기병의 광풍이 불 때마다 일본의 역사는 달라졌다.

그레이트 브리튼의 탄생

천연두로 대가 끊긴 스튜어트 왕조

1796년 영국의 의사 에드워드 제너Edward Jenner(1749~1823)가 종두법을 발표했다. 종두법은 천연두를 예방하는 백신 접종으로, 인류의 천연두 퇴치 역사에 한 획을 그은 위대한 한 걸음이었다.

영국인 제너의 종두법 발견은 결코 우연이 아니었다. 영국은 그 어떤 나라보다 천연두 퇴치를 간절히 바라던 나라였기 때문이다. 먼저 그 이야기부터 시작해 보자.

천연두는 신대륙의 인디오를 괴멸시킨 파괴적인 역병이었으나 유럽에서는 17세기 무렵까지 비교적 가벼운 역병으로 여겨졌다. 그러나 17세기 말부터 천연두의 독성이 강해져 아동 치사율이 눈에 띄게 높아졌고 성인도 안전하지 않았다.

특히 1694년부터 1700년에 걸쳐 스튜어트 왕가에 천연두가 돌았고, 이는 영국 역사를 뒤바꾼 대사건으로 이어졌다. 명예혁명 이후 남편 윌리엄 3세(재위 1689~1702)와 함께 왕위에 오른 메리 2세(재위 1689~1694)가 사산을 세 번이나 겪은 후 대를 이을 자손을 남기지 못한 상태로 천연두로 사망했다. 뒤를 이은 메리 2세의 여동생 앤(재위 1702~1714)에게는 왕위를 계승할 아들이 있었으나 1700년에 그 아들이 모종의 감염병으로 세상을 떴다. 이로써 스튜어트 왕가의 대가 끊겼다. 앤이 사망하면 새로운 왕의 혈통을 찾아야만 했다.

서로 독립된 두 개 이상의 나라가 같은 군주를 모시는 동군연합이라는 독특한 정치 체제하에 있던 영국이 무너질 위기에 처했다. 영국의 동군연합은 브리튼섬의 잉글랜드와 스코틀랜드라는 두 개의 독립 국가 사이의 결합이었다. 본래 스튜어트 왕가는 스코틀랜드의 왕가였다. 평생 독신이었던 잉글랜드의 엘리자베스 1세가 세상을 떠나고 튜더 왕가의 대가 끊어졌을 때, 튜더 왕가의 혈통을 계승한 스코틀랜드 스튜어트 왕조의 제임스 6세가 제임스 1세(재위 1603~1625)로 잉글랜드 왕이 된 것이다.

그 스튜어트 왕가의 대가 끊어지자 잉글랜드는 독일 하노버 선제후 가문에서 새로운 왕을 맞아들이기로 결정했다. 이 결정에 스코틀랜드는 거부 반응을 보였다. 스코틀랜드는 하노버라는 먼 나라에서 듣도 보도 못한 낯선 이를 데려와 왕으로 모신다는 발상이 탐탁지 않았다. 스코틀랜드가 잉글랜드와의 동군연합 해체 움직임을 보이자 잉글랜드는 난처해졌다. 스코틀랜드와의 연합은 영국이라는 나라를 세계로 진출하게 한 원동력이었기 때문이다.

잉글랜드는 스코틀랜드를 강제로 병합하려 했다. 1707년 잉글랜드와 스코틀랜드의 합동법이 체결되었고 이 법으로 양국의 정식 합병이 이루어졌다. 그렇게 그레이트 브리튼 왕국 Kingdom of Great Britain이 탄생했다. 언젠가는 닥칠 일이었으나, 잉글랜드가 지닌 돈의 힘으로 강제로 이루어진 다소 성급한 병합이었다.

잉글랜드를 무리한 병합에 나서도록 재촉한 것 중에는 천연두도 있었다. 왕조 교체와 연합 왕국의 탄생이라는 거사를 치르던 과정에서 천연두까지 돌자 영국인은 진절머리가 났다. 어떻게 해서든 천연두를 퇴치해야겠다는 인식이 싹텄고, 이 과정에서 제너가 대기실에서 나와 세계사 무대에 오를 준비를 끝냈다.

제너의 발견

인류와 감염병 싸움의 분기점, 종두법

18세기, 천연두 퇴치를 그 어느 나라보다 간절히 원하던 영국은 천연두 연구에 골몰했다. 영국인들은 먼저 인두법人痘法, Variolation을 주목하였다. 인두법은 일종의 백신 접종으로, 증상이 가벼운 천연두 환자의 물집에서 나온 고름을 건강한 사람의 피부에 바르거나 코나 입으로 흡입하게 하는 것이다. 인두를 접종한 사람은 가벼운 천연두 증상을 보여도 심각한 천연두로는 발전하지 않는다는 원리를 이용한 예방법이다.

사실 인두법은 100년도 전부터 인도와 중국에서 시행되던 예방법이었다. 세계 진출을 도모하면서도 유럽인은 인두법의 존재를 알지 못하고 있었다. 그러다 오스만 제국의 수도 콘스탄티노폴리스에서 17세기 후반부터 인두 접종이 시작되면서, 1713년 콘스탄티노폴리스의 의사 엠마누엘레 티모니우스Emanuel Timonius가 런던 왕립학회에 보고한 것을 계기로 유럽에 알려졌다.

뒤를 이어 1717년 콘스탄티노폴리스 주재 영국 대사의 부인 메리 워틀리 몬태규Lady Mary Wortley Montagu가 인두법을 처치받고 그 효과를 본국에 보고했다. 그리고 귀국 후에 영국에서 천연 두가 유행하자 딸에게 직접 인두법을 시행해 그 효능을 의사들에게 보여주었다. 인두법의 효과를 풍문으로 들은 제임스 1세는 자신의 손자에게 인두법을 시행하게 했다.

그러나 인두법은 그 한계가 뚜렷했다. 인두법으로도 100명 중 몇 명은 사망했기 때문이다. 무엇보다 인두법 접종은 천연두 확산을 저지하지 못했다. 영국에서는 인두법이 가망이 없다고 보고 대대적인 접종을 시행하지 않았으나, 인두법에 관한 개념은 남아 제너가 종두법을 발견하게 되는 계기가 되었다.

종두법의 실상은 우두牛痘 접종이다. 우두는 소에게서 사람으로 전염되는 병으로 증상이 가볍다. 전통적으로 소를 사육하는 지방에서는 우두를 한 번 앓은 환자가 천연두에 걸리지 않는다는 사실이 널리 알려져 있었다. 제너는 우두가 발생한 지역의 시골 의사였다. 그는 우두 연구에 박차를 가해 한 소년에게 우두를 접종하는 실험을 강행했다. 우두 접종을 받은 소년이 천연두에 걸리지 않자 제너는 종두법을 발표했다.

라틴어로 암소를 뜻하는 'Vacca'라는 단어에서 따온 종두법

종두 접종을 받는 사람들. 자세히 보면 사람들의 머리와 몸이 소로 변했다. 당시 종두에 대한 사람들의 불안을 엿볼 수 있다.

은 영어로 'Vaccination'이라 명명되었는데 백신 접종과 동의어로 사용된다. 제너가 소의 병을 백신으로 삼아 천연두를 예방했다는 유래를 떠올리게 하는 명칭이다.

제너의 종두법은 감염병과 인간의 역사에서 한 획을 그은 중요한 사건이다. 종두법이 세상에 나오자, 역병 앞에 속수무책이던 인간이 역병을 예방하는 백신을 꿈꾸게 된 것이다. 인간은 이제 잔인한 역병으로부터 몸을 지키는 백신이라는 수단을 얻게 되었다.

그러나 제너의 종두법이 바로 받아들여진 것은 아니다. 소의 병을 사람에게 옮긴다는 데 심리적인 거부감을 보이는 이들이 많았기 때문이다. 종두법에 대한 사람들의 거부감을 일소하는 어떤 사건이 발생할 때까지 사람들은 종두법에 마음을 열지 않았다. 그 사건은 나중에 다시 자세히 살펴볼 나폴레옹 전쟁이다.

프랑스 혁명

프로이센군을 덮친 감염병으로 승기를 잡은 프랑스군

1789년에 프랑스 혁명이 발발하고 약 사반세기가 지난 시점에 유럽은 새로운 전쟁의 시대를 맞이하였다. 나폴레옹(1769~1821)이 등장하여 혁명의 이념을 널리 알린다는 기치를 내건 대대적인 정복 전쟁을 시작한 것이다. 사실 나폴레옹 시대와 감염병은 떼려야 뗄 수 없는 사이다. 감염병은 프랑스 혁명의 향방을 뒤바꾸어 놓은 한편, 나폴레옹의 제국을 몰락시킨 원인이기도 하기 때문이다.

프랑스 혁명 전쟁French Revolutionary Wars(1792~1802)이 유럽 대륙에 전쟁의 불씨를 지피자 이내 열기가 고조되었다. 프랑스 혁명에 위기감을 느낀 유럽 각국의 왕가가 반응을 보인 것이다. 그중에서도 오스트리아와 프로이센이 경계를 강화하며 전운이 감돌았다. 프랑스 혁명 정부에게 있어서도 전쟁은 혁명의 정통성을 알릴 수 있는 다시없을 기회였다.

1792년 프랑스는 오스트리아에 선전 포고를 하였고, 오스트
리아와 프로이센 연합군은 프랑스 혁명 정부를 타도하기 위해
프랑스로 진군하였다. 그러나 연합군의 진군은 어중간하게 끝
나고 말았다. 오스트리아·프로이센 연합군 내에 이질이 창궐했
기 때문이다. 이질에 걸려 설사에 시달리던 병사들이 차례로
쓰러졌다. 약 12,000명의 병사가 희생되자, 연합군은 라인강 좌
안에서 철수할 수밖에 없었다.

이 기회를 틈타 프랑스 혁명군은 라인강 좌안과 네덜란드를
점령하였고 혁명군은 처음으로 승리를 거두었다. 혁명 정부의
지지자들은 승리를 환영했고 혁명 정부는 신임을 얻었다. 프랑
스 혁명은 루이 16세(재위 1774~1792)의 처형이라는 과격한 분
위기가 이어지면서 급물살을 타고 전개되었다. 프랑스 혁명의
주요 분기점에는 언제나 감염병이 등장하였고, 분위기를 반전
시키는 데 한몫했다.

나폴레옹의 이집트 원정

넬슨 제독보다 무서웠던 시리아의 페스트

프랑스 혁명은 로베스피에르(1758~1794)의 독재로 공포 정치라는 새로운 막이 올랐다. 그리고 로베스피에르가 숙청당한 후이어진 혼란의 시대에 나폴레옹이 혜성처럼 등장했다.

나폴레옹은 이탈리아 원정에서 군사적 재능을 발휘해 명성을 얻었다. 기세를 몰아 1798년에는 이집트 원정을 감행했다. 숙적 영국의 인도 지배를 견제하고 기선을 제압하기 위해서였다. 그런데 이탈리아 원정에 나선 나폴레옹은 자신의 주특기였던 정복 활동에 소극적인 모습을 보였다. 원정군을 앞장서 지휘하기는커녕 네 척의 배로 몰래 본국으로 귀국한 것이다. 프랑스군은 지휘관을 잃은 채로 이집트에 버려졌다.

나폴레옹이 뒤도 돌아보지 않고 도망치듯 헐레벌떡 프랑스로 돌아온 데는 몇 가지 이유가 있었다. 첫째, 프랑스 해군이 넬슨 제독(1758~1805)이 이끄는 영국 해군에 패배했기 때문이다.

노련한 넬슨 제독은 나폴레옹군을 감시하며 나폴레옹의 독주를 허용하지 않았다. 여기에 영국을 중심으로 프랑스에 대항하는 동맹이 결성되어 프랑스를 구석으로 몰았다. 발등에 불이 떨어진 나폴레옹은 한시라도 빨리 본국으로 돌아가 사태를 수습해야만 했다.

물론 숨겨진 또 다른 이유도 있었다. 이집트를 접수하고 난 다음 원정지로 예정된 시리아에서 페스트가 유행한 것이다. 야심가였던 나폴레옹은 페스트가 몹시 두려웠다. 자신이 페스트에 걸려 저세상으로 가면 아무리 큰 공을 세워도 아무 소용이 없다고 생각했다. 페스트에서 도망치기 위해 나폴레옹은 이집트를 포기하고 병사들을 내버리는 비겁한 행보를 선택했다.

나폴레옹 제국과 종두법

편견을 불식시키며 원정에 이바지

1804년, 나폴레옹은 대관식을 열어 마침내 황제 자리에 올랐다. 나폴레옹의 황제 즉위는 나폴레옹 원정의 서막을 알리는 신호탄 역할을 했다. 나폴레옹은 1805년 아우스터리츠 전투에서 오스트리아·러시아 연합군을 격파하였고, 연이어 프로이센을 굴복시켰다.

나폴레옹군은 프랑스 혁명기 징병제를 실시해 덩치를 키운 대육군Grande Armée을 등에 업고 승승장구했다. 나폴레옹은 대군을 장악하였고 성가신 소모전을 막기 위해 방역에 힘썼다. 그는 1796년에 발견된 제너의 종두법을 채택해 병사들에게 접종하여 천연두 감염을 사전에 방지했다.

감염병은 전쟁에 덤처럼 따라붙는 존재였다. 승리를 목전에 두고 감염병으로 수많은 병력을 잃거나 손에 쥘 뻔했던 승리를 아깝게 놓치곤 했다. 감염병을 막지 못하면 전쟁에서 승리할 수 없었다. 시리아에 퍼진 페스트 소식을 듣고 허망하게 물러난 나폴레옹은 이미 감염병의 통제가 곧 승리라는 방정식을 감으로 깨닫고 있었다. 더욱이 나폴레옹은 징병제로 모집한 유례없는 규모의 대군을 이끌고 있었다. 병사들을 감염병으로 잃으면 대군이 무슨 소용이 있으랴.

당시는 위생 관념은 희박했으나 제너의 종두법이 자리를 잡은 상태였다. 천연두는 다스릴 수 있는 감염병이 되어 있었고, 나폴레옹은 과감히 종두 접종을 채택했다. 종두를 실시하자 천연두 통제는 성과를 거두었다. 나폴레옹의 정복 활동의 근간에 종두가 있다는 사실을 유럽이 깨달은 순간, 사람들은 종두를 비로소 온전히 받아들였다. 여전히 종두 접종을 받으면 소로 변한다는 황당한 헛소문을 믿는 사람이 많았던 시절이었다. 그러나 나폴레옹의 성공으로 종두에 대한 편견은 봄 햇살을 만나 녹아내리는 눈처럼 사라졌다. 나폴레옹의 정복은 종두를 유럽, 나아가 세계에 뿌리내리게 했다.

러시아 원정

발진 티푸스에 이미 패배했던 나폴레옹군

감염병을 다스리는 자가 세계를 제패하는 시대를 연 나폴레옹이었으나 그는 이후 감염병에 무릎을 꿇었다. 나폴레옹의 제국을 파멸시킨 러시아 원정은 사실 감염병과의 싸움이었으며 나폴레옹군은 결국 감염병에 굴복했다.

1812년, 나폴레옹은 러시아 원정을 결심했다. 러시아가 나폴레옹의 숙적 영국과 손을 잡은 것이다. 나폴레옹은 승리를 확신하며 러시아에 본때를 보여주기 위해 출병했다. 그러나 나폴레옹군은 수도 모스크바까지 진격했으나 비참하게 퇴각할 수밖에 없었다. 나폴레옹이 이끄는 프랑스군은 러시아의 혹독한 겨울 추위에 제대로 대비하지 않았고, 이는 패배의 주요인이 되었다. 현지에서 식량을 조달할 수 없도록 한 러시아의 전술이 더해지자 패색은 더욱 짙어졌다.

이 모든 요인에 더해, 모스크바에 도달하기 전에 만난 발진 티푸스라는 복병도 패배에 한몫했다. 나폴레옹군은 폴란드에서 러시아로 행군하던 길에 발진 티푸스를 만났다. 당시 폴란드와 러시아의 위생 상태는 아무리 좋게 보려 해도 도저히 눈 뜨고 볼 수 없을 정도로 열악했다. 더불어 그 일대는 발진 티푸스가 만성적으로 발생하는 지역이었다. 나폴레옹군의 병사들은 민가에 숙영할 때 침구에 득실대던 이에 물렸고 발진 티푸스에 걸렸다. 당연히 병사들은 쇠약해졌고 병으로 쓰러졌다.

물론 나폴레옹에게 대책이 전혀 없었던 건 아니었다. 당시 발진 티푸스와 이의 상관관계를 정확히는 알지 못했으나 이가 서식하는 비위생적인 환경에서 감염병이 발생하기 쉽다는 사실은 어렴풋이 인지하고 있었다. 나폴레옹과 그의 군의관은 이 주의보를 내렸지만, 이가 들끓던 폴란드와 러시아에서 이에 물리지 않는다는 건 현실적으로 불가능한 일이었다. 설상가상으로 이질까지 돌았다.

나폴레옹의 중앙군은 출병 초기 약 26만 5,000명을 모집한 상태였다. 그런데 폴란드와 러시아로 진군하고, 1812년 보로디노 전투를 거쳐 모스크바에 입성했을 때는 9만 명으로 줄어 있었다. 병력이 약 3분의 1로 줄어든 것이다.

보로디노 전투에서 나폴레옹의 중앙군은 러시아 원정에서 가장 많은 피를 흘렸다. 그러나 전투로 인한 피해 규모보다 발진 티

나폴레옹의 유럽 원정

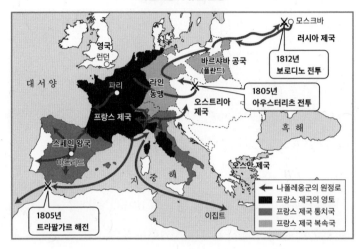

푸스로 잃은 장병이 더 많았다. 나폴레옹군은 병들고 지친 몸으로 모스크바에 입성했다. 나폴레옹은 모스크바에서 충분한 식량을 조달하면 병사들의 건강도 회복되고 충분히 반격에 나설 수 있을 것이라고 계산했다. 그러나 모스크바에는 식량이 없었다. 러시아군이 모스크바에서 식량을 모조리 빼냈기 때문이다.

굶주림과 발진 티푸스에 시달리던 나폴레옹군은 러시아 철수를 결정할 수밖에 없었다. 그런데 하필 그때 동장군이 덮치며 나폴레옹이 자랑하던 대군의 대부분은 말 그대로 길 위에서 얼어 죽을 수밖에 없었다. 러시아 원정 실패로 나폴레옹의 제국은 붕괴의 길에 들어섰다.

대영 제국의 해군

괴혈병을 예방한 라임 주스

나폴레옹과 맞붙어 승리한 영국은 19세기 최강의 패권 국가로 군림했다. 영국도 나폴레옹이 그랬듯 감염병을 다스려 세계를 제패하기 위해 온갖 지혜를 짜냈다.

19세기 영국이 세계의 바다를 지배하던 시절, 힘의 근원에는 강력한 해군이 있었다. 영국 해군은 나폴레옹과 맞서 싸우며 강력한 군사력으로 나폴레옹 제국의 숨통을 바짝 조여 놓았다. 1805년 트라팔가르 해전에서 넬슨 제독이 이끄는 영국 함대는 프랑스·스페인 연합 함대를 격파했을 뿐 아니라, 프랑스의 해안 입구에 정박하며 시행한 해상 봉쇄로 프랑스를 압박했다.

영국 해군은 뱃사람들의 직업병인 괴혈병을 어느 정도 예방할 수 있었기 때문에 나폴레옹과의 전쟁에서 승리하고 최강자의 위치를 유지할 수 있었다. 괴혈병을 다스리지 못했더라면 영국이 세계의 바다를 제패할 수 없었을 것이다.

괴혈병은 십자군 전쟁에 대한 설명에서 이미 소개했듯, 비타민 C가 결핍되면 발생하는 병으로 비타민 C가 부족하기 쉬운 전쟁터나 장기 항해 길에서 발생했다. 괴혈병은 감염병이 아니다. 그러나 당시에는 사람에게서 사람으로 전염되는 돌림병으로 여기는 풍조가 있었다.

신항로 개척 시대 이후, 선박의 대형화가 진행되었고 항해가 길어지자 선내에는 괴혈병에 걸린 선원이 속출했다. 선원이 괴혈병에 걸려 임무를 수행하지 못하게 되면 전투력이 떨어진다. 영양소가 원인이라는 부분에서 각기병과 공통분모가 있고, 각기병의 정체를 오래도록 판명하지 못했듯 괴혈병의 원인도 오랜 세월 동안 밝혀내지 못했다.

영국은 일찍이 괴혈병에 대한 대처 방안을 마련하기 위해 동분서주했다. 18세기에 들어서면서는 영국 해군 소속 군의관이었던 제임스 린드(1716~1794)와 제임스 쿡(1728~1779) 선장이 괴혈병 치료 방법을 모색하기 시작했다. 린드는 괴혈병 환자를 대상으로 한 실험에서 레몬과 오렌지가 괴혈병에 효과가 있다는 사실을 알아내 상부에 보고했다. 쿡은 장거리 항해에서 신선한 음식을 정기적으로 보급하거나 맥아즙을 제공하는 방식으로 선내에서 괴혈병 환자를 줄일 수 있었다.

린드와 쿡의 성과를 전해 듣고 길버트 블레인(1749~1834)이라는 의사가 더욱 본격적으로 해결책 모색에 나섰다. 그는 괴혈병 예방에 감귤류가 효과가 있다는 가설을 파고들어 다양한 데이터로 이 가설을 보강했다. 나폴레옹 전쟁 전후인 1795년, 블레인은 영국 해군 소속 선원에게 매일 레몬을 제공하라는 청원을 강력하게 제기하였고, 그의 청원은 받아들여졌다. 당시 레몬은 저렴한 식품이 아니었다. 영국 해군의 통 큰 결단이 아닐 수 없었다. 식단에 레몬이 추가되자 괴혈병 환자가 빠르게 줄어들었고, 나폴레옹 전쟁에서 장기간에 걸친 해상 봉쇄 작전을 감행하여 프랑스의 숨통을 바짝 조일 수 있게 되었다.

한편 경쟁 관계였던 프랑스 해군은 괴혈병 대책에서 한발 늦은 행보를 보였다. 영국과의 전투에서 괴혈병 환자가 대거 발생하여 본격적으로 싸우기도 전에 전투력에 심각한 손실이 발생했다.

그 후 19세기 중반에 접어들어 영국 해군은 레몬을 서인도제도의 섬에서 나는 라임으로 바꾸었다. 서인도산 라임은 레몬보다 값싸게 들여올 수 있었기 때문이다. 영국 해군은 언제 어디서나 라임 주스를 마셔댔고 그들은 라이미Limey라는 별명으로 불리게 되었다.

아이티의 독립

황열병 때문에 후퇴한 프랑스군

유럽에서 프랑스 혁명과 나폴레옹 전쟁이 이어진 혼란의 시대에 독립을 쟁취한 나라가 카리브해의 아이티였다. 아이티의 독립운동은 프랑스 혁명에서 자극을 받아 불길이 일었고 마지막에는 감염병이 가세해 독립을 달성할 수 있었다.

독립 전까지 아이티는 프랑스의 식민지였다. 아이티는 프랑스어로 생도맹그라 불리며, 당시 세계 설탕 생산의 40%를 차지할 정도로 설탕 플랜테이션 산업이 발전한 나라였다. 아이티 인구에서는 흑인이 차지하는 비중이 가장 높았다. 이들은 아프리카에서 노예무역으로 아이티에 끌려온 흑인의 자손이었다. 아프리카 흑인 노예의 후손을 프랑스인들이 지배하고 있던 것이다.

1789년, 프랑스 혁명이 발발하고 인권 선언이 제정되자 아이티 흑인들에게도 큰 영향을 끼쳤다. 1791년부터 흑인 노예의 반란이 이어졌고, 흑인 지도자 투생 루베르튀르(1743~1803)가 마침내 자치 정부를 수립했다. 그는 검은 자코뱅이라 일컬어진 인물이었다. 자코뱅은 프랑스 혁명 당시 로베스피에르를 배출한 급진파를 가리키는 말로, 프랑스 혁명의 과격화 물결이 아이티에까지 미친 것이다.

아이티에 독립의 기운이 감돌자 나폴레옹은 샤를 르클레르를 사령관으로 한 군대를 아이티에 파견해 진압했다. 투생 루베르튀르는 체포되어 프랑스로 압송되었고, 프랑스에서 옥사했다. 독립투사의 죽음은 아이티 독립의 불길을 꺼지게 하는 듯 보였으나, 아이티에 주둔 중이던 프랑스군 진영에 황열병이 유행하며 상황이 반전되었다. 사령관 르클레르도 황열병으로 사망하였고 약 29,000명의 프랑스군이 황열병으로 목숨을 잃었다.

이를 계기로 아이티와 프랑스 사이의 전세가 역전되었다. 아이티 혁명군은 프랑스군을 무찔렀고, 결국 1804년 라틴 아메리카에서 처음으로 독립을 이룰 수 있었다.

황열병의 병원체는 황열 바이러스yellow fever virus로, 말라리아와 마찬가지로 모기를 매개체로 감염되는 병이다. 이 병에 걸리면 황달이 나타나 피부가 누렇게 뜨며 열이 난다고 해서 황열병黃熱病이라는 이름이 붙었다. 치사율은 높은 편으로 선상에서 감염자가 나오면 그 배는 입항할 때 노란색 깃발을 내걸어야

한다는 규칙이 있었다.

황열병은 원래 중앙아프리카 정글 지대의 풍토병으로 추정된다. 노예무역으로 병원체를 보유한 흑인들이 대서양 너머 카리브해 섬들로 이주하면서 아메리카 대륙에 퍼졌다. 백인 이주자들은 황열병에 약했다. 반면 아이티의 흑인들은 황열병에 어느 정도 내성이 있었다. 그들의 선조가 황열병 다발 지역에서 생활하던 집단이었기 때문이다. 흑인 반란군에서는 황열병 사망자가 거의 나오지 않았던 데 비해 프랑스군은 황열병이 빈발해 전투 불능 상태에 빠졌다. 황열병이 아이티 독립군에게 가세하면서 아이티의 독립이 이루어졌다.

아이티 독립 전쟁은 미합중국의 영토 확장에도 이바지했다. 프랑스는 황열병으로 대규모 병력을 잃었고 아이티 전쟁에 사용할 전비는 바닥이 났다. 나폴레옹은 프랑스령이었던 루이지애나를 미국에 매각해 전비를 충당했다.

아이티에서의 실패는 나폴레옹에게 큰 충격을 안겨주었다. 그는 한때 신대륙 경영으로 세계를 지배한다는 야심 찬 계획을 세웠으나, 신대륙의 거점이었던 아이티를 상실했다. 아이티 독립으로 나폴레옹은 신대륙 진출을 단념했고 그의 관심이 유럽으로 옮겨가며 나폴레옹의 유럽 대원정이 시작되었다.

대영 제국과 콜레라

인도의 풍토병을 세계로 퍼뜨린 '팍스 브리타니카'와 제국주의

19세기, 세계는 콜레라의 공습을 수차례 경험해야 했다. 최초의 콜레라 대유행은 1817년에 인도 콜카타에서 발생했다. 그로부터 콜레라는 약 반세기도 지나지 않아 세계 각지에서 유행하기 시작했다. 모스크바와 파리, 에도(도쿄)도 예외는 아니었다.

19세기에 콜레라가 전 세계에서 맹위를 떨친 건 이 시대에 한 차례 세계화가 진행되었기 때문이다. 당시 유럽에서 힘깨나 쓴다는 나라들은 제국주의를 표방하며 아시아 각지에서 이권을 차지하기 위한 식민지 쟁탈전에 혈안이 되어 있었다. 그중에서도 영국은 인도를 중심으로 광대한 식민지를 보유하여 소위 팍스 브리타니카Pax Britannica(영국에 의한 평화)를 구가하고 있었다. 세계는 항구와 항구로 이어졌고, 감염병은 역사상 유례없는 속도로 활개를 치며 퍼져 나갔다.

콜레라는 원래 인도 지방의 풍토병으로 추정된다. 오랜 세월

인도 안에 갇혀 있던 이 질병은 영국이 인도를 식민지화하는 과정에서 인도 밖으로 유출되었다. 콜카타는 영국이 인도 지배와 교역의 거점으로 삼은 도시로, 한때는 영국령 인도의 수도이기도 했다. 콜레라는 콜카타의 배후지에서 발생하였고 영국 군인들을 차례차례 감염시킨 후에 배를 타고 다른 지역으로 넘어갔다.

영국뿐 아니라 러시아도 콜레라의 세계 확산에 이바지했다. 1820년 후반 러시아는 페르시아를 침공해 영토를 획득했는데, 당시 이미 페르시아에 콜레라가 창궐해 있었다. 콜레라에 걸린 러시아 군인들이 귀국하자 러시아에서 콜레라가 대유행했다. 러시아의 콜레라는 발트해를 거쳐 영국에 상륙했다.

콜레라의 병원체는 콜레라균Vibrio cholerae으로, 공기가 아닌 물을 매개로 감염되는 수인성 질병이다. 콜레라균에 오염된 식수를 마실 때 물을 통해 콜레라에 걸리게 된다. 문제는 콜레라에 걸린 이후이다. 콜레라 환자의 배설물은 화장실로 흘러가는데, 화장실과 우물이 가까우면 우물이 콜레라에 쉽게 오염될 수 있다. 비단 우물이 아니더라도 콜레라 환자의 배설물이 하천으로 흘러가면 하천이 콜레라균에 오염될 수 있다. 오염된 하천을 취수장으로 사용하면 다시 콜레라가 퍼져 나가는 식이다. 콜레라에 걸리면 심한 설사와 구토에 시달리며 쇠약해진다. 체력이 계속 약해지고 탈수가 심해지다 사망에 이를 수 있다.

콜레라는 1822년 일본에 최초로 상륙했다. 이 당시 일본은 쇄국정책을 실시했으나 한반도에서 쓰시마를 거쳐 시모노세키에 상륙한 콜레라가 오사카까지 치고 들어왔다. 쓰시마와 조선은 교류가 잦았고, 이 교류가 콜레라의 감염 경로로 추정된다. 다행히 콜레라는 수도 에도까지 도달하지는 못했다. 그 무렵 아직 실권을 장악하고 있던 막부가 수도로 연결되는 주요 길목에 검역소를 설치해 콜레라를 막은 것이다.

1829년에 시작된 2차 세계 대유행에서도 일본은 운 좋게 콜레라를 비껴갔다. 일본의 쇄국정책이 제 기능을 발휘한 덕분이다. 그러나 콜레라의 3차 세계 대유행 국면에서는 일본도 무사하지 못했다. 1858년, 미국의 선원이 나가사키에 상륙하여 콜레라를 일본에 퍼뜨린 것이다. 콜레라는 수도 에도로 진격하였고, 결국 수많은 사망자를 냈다.

3차 대유행 당시에는 이미 일본의 쇄국정책이 유명무실해지면서 사람과 물자의 교류가 활발해졌다. 1858년은 미일 수호 통상 조약이 체결된 해이기도 하다. 막부의 위신이 바닥으로 떨어지고 검역소도 제 기능을 잃자, 콜레라는 정부의 통제를 벗어나 일본 각지로 퍼져 나갔다.

상하수도의 정비

콜레라 원인 규명에서 시작된 위생학

19세기에 세계적으로 대유행한 콜레라는 14세기 페스트의 유행을 재현하는 듯했으나, 19세기의 유럽인은 14세기의 무지한 사람들이 아니었다. 19세기 유럽에서는 콜레라를 어떻게 저지할지 과학적인 논의가 벌어졌고, 콜레라 예방을 위해 상하수도 정비가 이루어졌다.

19세기 중반, 영국의 의사 존 스노John Snow(1813~1858)는 콜레라가 물로 전파된다는 사실을 알게 되었다. 다만 콜레라의 원인이 콜레라균이라는 사실까지는 알지 못했다. 그럼에도 스노는 실용주의Pragmatism적인 사고를 통해 오염된 식수를 마시면 콜레라에 걸린다는 사실을 입증해 보였다.

스노는 런던에 있는 두 개의 수도 회사와 그 회사에서 공급하는 수돗물을 이용하는 가정의 상관관계를 조사했다. 1848년에는 램버스사Lambeth Waterworks Company와 서더크 & 복

상하수도 개혁에 이바지한
의사 존 스노

스홀사Southwark and Vauxhall Waterworks Company라는 두 개의 수도 회사가 런던 시민들에게 수돗물을 공급하고 있었다. 두 회사 모두 런던 시내를 흐르는 템스강에서 취수한 수돗물을 각 가정에 공급하여 생활용수와 식수로 사용하도록 하였다.

그런데 이 수돗물이 런던 콜레라 대유행 사태의 주범이었다. 당시 런던에서는 오염된 하수를 템스강에 그대로 버렸다. 템스강은 콜레라균에 오염되었고, 두 수도 회사는 모두 오염된 템스강에서 취수한 물을 수돗물로 공급했던 것이다. 그 당시에는 여과와 살균이라는 개념이 없었기 때문에 수도 회사들은 각 가정에 콜레라균이 혼입된 물을 그대로 공급하던 실정이었다.

그 후 1854년부터 1855년에 걸쳐 런던에서 콜레라가 유행했다. 스노는 각 가정을 방문 조사해 발로 뛰며 어떤 사실을 밝혀냈다. 램버스사의 수돗물을 사용하는 가정의 콜레라 사망자 발생률은 서더크 & 복스홀사의 물을 쓰는 가정의 8분의 1에서 9분의 1 수준에 머물렀던 것이다. 왜 이런 일이 발생했을까?

알고 보니 램버스사는 1852년부터 템스강이 아닌 다른 지역의 깨끗한 물을 취수하고 있었고, 그 덕분에 콜레라에서 안전할 수 있었던 것이다. 스노의 연구로 인하여 오염된 물이 콜레라를 일으킨다는 사실은 확실히 입증되었다.

또한 스노는 런던 소호 지구의 콜레라 집단 발생도 실용주의 관점에서 규명했다. 그는 소호 지구의 지도를 펴놓고 콜레라 감염 및 사망자가 나온 건물에 표시를 했다. 그러자 유행의 중심지가 하나의 우물로 좁혀졌다. 이 우물이 오염되며 주변에 콜레라가 퍼진 것이 확실했다.

스노의 발견으로 영국을 비롯한 유럽에서 공중위생에 대한 개념이 자리 잡게 되었다. 하수도 처리를 위한 시스템과 청결한 상수를 공급하기 위한 시스템이 정비되었다. 가정에는 수세식 변기가 설치되었다. 이렇게 유럽에서는 위생학이 발전했다. 위생학의 발전은 상하수도를 체계적으로 관리하게 하였고, 콜레라뿐 아니라 물을 감염원 중 하나로 하는 이질과 장티푸스 예방에도 효과를 보이며 유럽의 패권 장악에 힘을 보탰다.

발칸반도의 민족주의

콜레라로 약해진 오스만 제국과 민족주의의 부상

19세기의 세계적인 콜레라 대유행 국면에서 가장 많이 영향을 받은 지역은 발칸반도였다. 발칸반도에서 전개된 격동의 역사와 감염병 사이의 관련성에 관해서는 역사가 윌리엄 맥닐의 가설이 흥미롭다. 콜레라로 이슬람 지배자들이 쓰러지면서 발칸반도에서 민족주의가 대두되었다는 것이다.

발칸반도는 오랫동안 크리스트교계 주민들이 자리 잡고 살던 곳이었는데, 15세기 후반 이후부터 이슬람 세력인 오스만 제국의 지배를 받게 되었다. 나이 많은 주민들은 크리스트교 신앙을 어느 정도 지켜낼 수 있었지만, 청년층의 인력 유출이 심각한 문제로 대두하였다. 이 지역의 우수한 인재를 유치하려던 오스만 제국의 정책에 따라, 수많은 청년들이 이슬람으로 개종당해 오스만 제국을 지탱하는 군인과 관료로 채용된 것이다.

한편 발칸반도에서는 소수의 이슬람 지배자가 다수의 크리

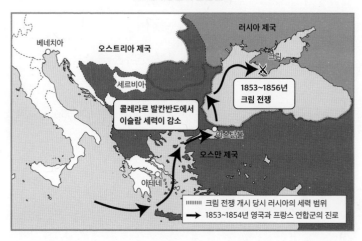

19세기 중반의 발칸반도

베네치아

오스트리아 제국

러시아 제국

크림

세르비아

1853~1856년
크림 전쟁

콜레라로 발칸반도에서
이슬람 세력이 감소

이스탄불

오스만 제국

아테네

|||||||| 크림 전쟁 개시 당시 러시아의 세력 범위
→ 1853~1854년 영국과 프랑스 연합군의 진로

스트교계 주민을 통치하는 체제가 서서히 붕괴하고 있었다. 오스만 제국이 러시아의 공세에 밀려 압박을 받으며 쇠퇴 기로에 들어선 것이다. 발칸반도 주민들은 이슬람교로부터 이탈하기 시작하였다. 거기에 19세기 콜레라 대유행이 지역의 이슬람 지배자들을 강타했다. 그들이 콜레라에 휩쓸려 병사하자 지배 계층이 줄어들었고 발칸반도에서 오스만 제국의 지배력이 약해졌다.

그러자 그때까지 억압받던 크리스트교계 주민 사이에 민족주의가 꿈틀대며 고개를 들기 시작했다. 본래 발칸반도에는 다양한 민족이 살고 있었다. 오스만이라는 거대한 제국이 그들의 민족주의 성향을 억눌러 왔던 것인데, 콜레라 대유행으로 지배력이 약해지며 통제의 손길이 느슨해졌다.

19세기 발칸반도에서 부상한 민족주의는 오스만 제국에 반기를 든 반군의 전투를 거쳐, 민족주의자끼리의 충돌로 세력 구도에 변화가 나타났다. 제1차 세계대진은 발칸반도의 민족주의 문제에서 불거졌는데, 콜레라 대유행은 그 불씨를 활활 타오르도록 불을 지피는 풀무 역할을 했다.

크림 전쟁

나이팅게일이 시작한 전장의 위생 관리

1853년에 시작된 크림 전쟁은 나폴레옹 전쟁 이후 약 40년 만에 벌어진 유럽 대국 간의 전쟁이었다. 크림 전쟁은 기존의 전쟁과 마찬가지로 감염병과의 사투이기도 했다.

크림 전쟁은 러시아와 오스만 제국 간의 싸움으로, 영국과 프랑스가 오스만 제국의 편에 가담하며 판이 커졌다. 싸움은 영국·프랑스 연합군의 승리로 끝났는데, 전사자뿐 아니라 어마어마한 병사자를 냈다.

크림 전쟁 중에는 급성 발진 티푸스와 콜레라, 이질 등 온갖 감염병이 창궐했다. 전쟁터의 환경과 위생 상태는 열악했고, 군인들이 빽빽하게 모여 단체로 생활하며 이가 들끓어 발진 티푸스가 수시로 유행했다. 깨끗한 물을 확보하지 못해 콜레라와 이질 같은 수인성 감염병도 기승을 부렸다. 수많은 영국 병사가 이질로 병사하여 영국군의 이질 사망자 수는 전사자를 웃돌 정도였다. 역사는 반복된다는 말처럼 감염병에 시달린 기존의 전쟁과 똑같은 전개가 다시금 펼쳐졌다.

그러나 크림 전쟁은 전쟁의 양상을 감염병과 함께하던 것에서 감염병을 극복하게 하는 것으로 전환시키는 계기가 되기도 하였다. 영국 출신의 간호사이자 간호학자인 플로렌스 나이팅게일Florence Nightingale(1820~1910)이 구원투수로 등장한 덕분이다. 크림 전쟁의 참상은 본국 영국에도 보고되었고 영국 정부는 나이팅게일의 청원을 받아들여 그녀를 크림반도로 파견하였다.

나이팅게일은 전선의 의료 현장을 보고, 야전 병원의 비위생적 환경이 충분히 살릴 수 있는 병사를 악화시켜 사망에 이르게 만든다는 사실을 깨달았다. 당시에는 간호사의 지위가 낮았기 때문에 전투에 내보낼 수 없는 병사를 간호사 대신 간호 업무에 투입하곤 했다. 그렇게 투입된 병사들은 당연히 아무런 의료 지식도 위생 지식도 없는 상태로 주먹구구식으로 환자를 돌보았다.

야전 병원은 비위가 상할 정도로 불결했다. 화장실 정화조는 오물이 넘쳐흘러 악취를 풍기며 썩어갔다. 오물은 주위 바닥에 흥건하게 고여 있었고 병원 안에는 늘 코를 찌르는 악취가 감돌았다. 당연히 하수도 시설도 열악했다. 나이팅게일이 하수도

청소를 시작하자 수챗구멍에서 폐사 한 말 두 마리가 나왔을 정도로 상 태가 심각했다. 말 이외에도 수많은 동물 사체가 하수도를 꽉 막고 있 었다. 병원 안에는 쥐가 운동회를 벌 이고 있었고 파리 떼가 윙윙 소리를 내며 날아다녔다. 도저히 의료 처치 를 할 수 있는 환경이 아니었다. 오염 된 물을 부상병이 마시면 콜레라와

전장의 비위생적인 환경을 극적 으로 개선한 나이팅게일

이질에 걸릴 수 있었고, 이가 득실대는 침상에 누운 환자는 발 진 티푸스에 걸릴 수 있었다.

나이팅게일은 야전 병원을 청결하게 관리해야 병사들의 헛된 죽음을 막을 수 있음을 깨달았다. 그녀는 뜨거운 물이 나오는 배관을 마련하였고 대걸레로 바닥을 박박 문질러 닦았다. 나이 팅게일의 위생 관리로 야전 병원에서는 한때 40%를 넘나들던 사망률이 5%까지 떨어지게 되었다. 그녀의 공은 본국에 전해 졌고, 20세기에 들어 전장의 위생 관리에 대한 중요성을 널리 알리는 계기가 되었다.

메이지 유신

각기병에 시달리던 에도 막부를 무너뜨린 건강한 하급 무사

일본에서는 1860년대 에도 막부가 무너지고 메이지 유신이
일어났다. 메이지 유신은 사쓰마와 조슈 지역 등의 하급 무사
들이 에도 막부를 타도하기 위해 벌인 무력 투쟁으로, 15대 쇼
군 도쿠가와 요시노부의 지배에 도전한 왕정복고와 각종 개혁
을 추구한 운동이었다.

사실 에도 막부의 쇠퇴와 소멸은 각기병을 극복하지 못한 상
황에서 예정된 사태 수순이었다. 각기병은 17세기 무렵부터 수
도 에도와 오사카 일대에 만연하였고, 18세기 말에는 에도의
서민들에게까지 퍼진 상태였다. 당시의 일본인들은 흰 쌀밥에
집착해 비타민 B_1 섭취가 부족해져 각기병에 걸렸다.

얼마든지 사치스럽게 흰 쌀밥만 먹을 수 있었던 지배층이 각
기병에 걸리지 않을 리가 없었다. 에도 막부의 13대 쇼군 도쿠
가와 이에사다(재위 1853~1858)가 각기병을 앓다가 사망하였고,

뒤를 이은 14대 쇼군 도쿠가와 이에모치(재위 1858~1866)도 각기병으로 스물한 살의 젊은 나이에 급사한 것이다.

그 시절 수도 에도에는 불온한 분위기가 감돌았다. 1853년 페리 제독의 내항과 뒤이은 미일 수호 통상 조약의 체결을 둘러싸고 국정이 어수선한 상황에서 쇼군이 병사하자 차기 쇼군을 두고 격렬한 파벌 다툼이 전개되었다.

파벌 싸움에서 승리해 정권을 잡은 도쿠가와 이에모치의 시대, 일본에서는 존왕양이尊王攘夷 운동의 바람이 휘몰아쳤다. 변화의 과정에서 젊은 쇼군은 무력했다. 1866년 제2차 조슈 정벌에서 막부군의 패배가 이어지며 에도 막부의 쇼군은 몰락하였다. 힘을 잃은 막부는 각기병 문제도 해결하지 못하고 있었다. 막부는 혼란스런 정국을 극복할 능력이 없었고, 매사 수동적인 태도로 일관했다. 실망한 하급 무사들은 막부에 대한 도전을 시작했다.

사쓰마와 조슈 지방의 하급 무사들은 빈곤했기에 그들의 밥상에는 흰 쌀밥이 오를 수 없었다. 덕분에 그들은 각기병에서 무사할 수 있었다. 사쓰마의 무사들은 비타민 B_1이 풍부한 고구마를 주식으로 삼아 각기병에 걸리지 않았다. 조슈의 하급 무사는 보리와 잡곡으로 밥을 지어 먹었다. 보리와 잡곡에도 비타민 B_1이 풍부해 각기병을 예방할 수 있었다.

사쓰마와 조슈 지방의 하급 무사들의 소박한 밥상이 그들의 건강을 지켜주었고, 두 번의 대외 전쟁까지 벌일 정도로 기력을 보존하게 해주었다. 거친 음식을 먹고 각기병을 피한 하급 무사들은 연약한 막부에 분개해 막부 타도를 결의했다.

한편 아직 에도 막부에는 마지막 희망인 도쿠가와 요시노부(재위 1866~1867)가 남아 있었다. 그는 드물게 각기병에 걸리지 않은 쇼군이자 에도 막부 최후의 쇼군이었다. 요시노부는 돼지 전하라는 별명이 붙을 정도로 돼지고기 요리를 즐겨 먹었다. 당시 일본인들은 육식을 즐기지 않았기에 고기를 대놓고 즐기는 그를 보고 수군거렸다. 또한 요시노부는 개항과 동시에 자동차와 자전거를 수입할 정도로 유행에 민감한 인물이었기 때문에 양식도 누구보다 빨리 받아들였다. 평소에는 담백한 전통 일본 식단에 생선과 달걀로 단백질을 보충하다가 식욕이 없을 때면 빵과 우유로 가볍게 요기했다고 한다. 당시 기준으로는 독특한 식성이었지만 그 덕분에 요시노부는 건강을 유지할 수 있었다. 하지만 메이지 유신의 물결 속에 막부의 쇠락은 끝내 막을 수 없었다. 쇼군은 건재하였지만, 한번 무너진 막부를 다시 일으켜 세우기에는 역부족이었다.

파스퇴르와 코흐

보이지 않는 적의 정체를 밝히며 예방 의학을 확립

19세기 후반 그때까지 정체불명이던 감염병의 정체가 밝혀지며 예방법이 확립되기 시작했다. 감염병 예방 분야에 돌파구를 마련한 주인공은 프랑스의 루이 파스퇴르Louis Pasteur (1822~1895)와 독일의 로베르트 코흐Robert Koch (1843~1910)였다.

파스퇴르와 코흐는 경쟁 관계였다. 그들이 활약한 시기는 이미 현미경으로 세균의 존재가 규명되고, 세균과 전염병 사이에 모종의 관계가 있다는 가설이 세워진 후였다. 물론 아직 걸음마 수준의 가설이었지만, 현미경의 발달이 가져온 귀한 선물이 아닐 수 없었다. 현미경은 19세기 후반에 본격적으로 발전하며 눈으로 볼 수 없는 세균을 관찰할 수 있게 만들었다. 현미경의 발전은 인간을 새로운 세계에 눈뜨게 만들었다.

파스퇴르와 코흐는 탄저병 연구를 놓고 각축전을 벌이고 있었다. 탄저병은 가축에서 인간으로 전염되는 감염병이다. 코흐

루이 파스퇴르   로베르트 코흐

는 1876년에 탄저병의 순수 배양에 성공하여 탄저병의 병원체
를 규명하였다. 이 연구를 통해 다른 많은 감염병의 정체 역시
도 세균임을 입증할 수 있게 되었다. 파스퇴르보다 젊었던 코흐
는 탄저병 연구 이후로도 감염병의 정체를 밝히는 연구에 열정
적으로 매진하였다. 1882년에는 결핵균을 발견하였고, 1883년
에 콜레라균을 규명했다.

한편 파스퇴르는 독성을 약화한 세균을 인간에게 접종하면
면역을 얻을 수 있다는 가설을 세워 탄저병을 증명했다. 그는
탄저균의 독성을 약화해 탄저병 백신을 개발했다. 파스퇴르는
연구를 멈추지 않았고 나중에는 광견병 백신까지 개발하게 되
었다.

파스퇴르와 코흐의 등장은 인간이 감염병에 반격을 개시하

는 서막을 열었다. 노르웨이의 의학자 게르하르 헨리크 아르메우에르 한센(1841~1912)이 한센병의 원인인 나균을 발견하였고, 1880년에는 프랑스의 군의관 출신 의학자 샤를 루이 알퐁스 라브랑(1845~1922)이 말라리아 원충을 발견하였다. 1880년에는 독일의 K. J. 에베르트(1835~1926)가 장티푸스의 병원체인 티푸스균을 발견하였고, 1884년에는 독일의 게오르그 가프키(1850~1918)가 장티푸스균의 순수 배양에 성공했다. 가프키는 코흐의 제자였다.

그때까지 보이지 않던 적의 정체를 볼 수 있게 되며, 방역과 위생 개념이 착실히 확립되었다. 콜레라의 정체가 콜레라균이라면 식수에서 콜레라균을 제거한 깨끗한 물을 공급해 콜레라를 예방하면 될 일이었다. 이에 따라 오염이 의심되는 물을 끓이거나 화학적으로 소독해서 콜레라균을 죽이는 살균 방법이 나왔다. 이렇듯 19세기 후반 이후 과학의 힘으로 감염병의 정체를 속속 밝히게 되자 바야흐로 감염병을 다스리는 자가 세계를 제패하는 새로운 시대가 열리게 되었다.

아프리카 대륙의 분열

단숨에 진행된 검은 대륙의 식민지화

19세기 초반 유럽 열강은 아시아 각지를 식민지로 만들기 위해 혈안이 되어 있었고, 인도와 중국을 나란히 유럽 열강의 영향권하에 두게 되었다. 그런데 희한하게도 아프리카에 있어서는 자원에 군침을 흘리면서도 대륙 내부로 거의 발길을 들이지 않고 있었다.

그러던 유럽 열강이 19세기 말이 되자 앞다투어 아프리카 대륙으로 몰려갔다. 1880년대 영국이 이집트를 사실상 지배하게 된 것을 계기로, 프랑스, 포르투갈, 독일, 이탈리아 등이 경쟁하듯 아프리카 대륙 각지에 식민지를 건설했다. 20세기 초가 되면 아프리카에서 독립국으로 남은 지역은 에티오피아와 라이베리아에 불과했다.

19세기 말 아프리카 대륙에 대한 분할은 단숨에 진행되었다. 유럽 열강이 이 지역에서 맹위를 떨치던 말라리아에 대한 대책 마련에 성공하여 본격적으로 식민지 쟁탈전을 벌이게 된 것이다. 말라리아가 만연한 아프리카 대륙은 유럽인이 발을 들이기에는 너무 위험한 지역이었다. 운 나쁘게 악성 열대열 말라리아에 걸리면 상당히 높은 확률로 사망에 이르렀다. 유럽인은 아프리카를 검은 대륙이라 부르며 두려워했고, 식민지로 만들고 싶은 욕망도 죽음에 대한 공포를 이기지는 못했다. 말라리아는 아프리카 사람들에게 있어 일종의 보호막이었던 것이다. 그래서 유럽 열강은 아프리카를 제치고 아시아를 식민지로 만들기 위한 공략에 집중하였다.

그러던 차에 드디어 유럽인이 말라리아의 특효약인 퀴닌을 손에 넣게 되었다. 안데스산맥이 원산지인 기나나무 껍질이 말라리아에 효과를 발휘한다는 사실이 예수회 선교사들에 의해 유럽에 전해진 것이다. 1820년에는 프랑스에서 기나나무 껍질에서 퀴닌 성분을 추출하는 방법이 개발되었고, 퀴닌을 의약품으로 대량 생산할 수 있게 되었다.

아프리카 대륙에서 퀴닌이 유용하다고 선전한 사람은 영국의 선교사 출신 탐험가 데이비드 리빙스턴(1841~1873)이었다. 그가 이끄는 탐험대는 1850년부터 1856년까지 아프리카 탐사 기간 내내 매일 퀴닌을 복용했고 덕분에 말라리아를 피할 수 있었다. 탐험대 25명 중 말라리아로 병사한 사람은 겨우 3명뿐

아프리카 대륙을 횡단한
데이비드 리빙스턴

이었는데, 당시로서는 경이적인 기록
이었다.

퀴닌 생산에 가장 열을 올린 나라
는 네덜란드였다. 그런데 기나나무
의 원산지인 안데스 지역에서 나무
껍질을 조달하는 데 한계가 있었다.
그래서 안데스 이외의 지역에서 퀴
닌을 재배하고자 말라리아가 기승
을 부리던 인도네시아를 식민지로
삼았다. 식민지 지배의 안정을 도모하기 위해서라도 퀴닌은 꼭
필요했다.

네덜란드는 안데스에서 기나나무 묘목을 가져와 자바섬에
옮겨 심어 퀴닌 양산 체제를 가동했다. 네덜란드는 퀴닌을 다
른 나라에 팔아 짭짤하게 돈벌이를 했다. 한때 네덜란드는 퀴
닌 시장을 독점하다시피 했다. 당시 네덜란드는 과거 누리던 해
양 국가로서의 영광이 기울어 뒷방 늙은이 신세로 전락해 있었
으나, 퀴닌으로 반짝 과거의 영광을 회복할 수 있었다.

영국 역시 간절하게 퀴닌을 원했다. 영국은 인도를 식민지로
만드는 과정에서 말라리아에 시달렸다. 인도에서 세포이 항쟁
진압을 거쳐 1877년에 빅토리아 여왕을 황제로 내세운 인도

제국이 성립하자 인도 통치를 위해 많은 영국인이 인도로 파견을 가야 했다. 그들을 위해 퀴닌을 자국에서 양산하는 것이 급선무였다. 영국은 안데스 지역에서 기나나무 묘목을 훔치다시피 가져와 모리셔스섬과 서인도 제도에 이식했다. 퀴닌이 안정적으로 공급되자 유럽인들은 비로소 아프리카 대륙에 대한 두려움을 떨칠 수 있었다.

유럽 각국은 우수한 총기도 보유하고 있었다. 아프리카에서 전쟁을 벌이면 승리는 떼어 놓은 당상이었고, 말라리아에 시달릴 위험도 줄어들었으니 식민지 경영은 식은 죽 먹기였다. 이렇게 아프리카는 유럽 각국에 단기간에 분할 점령되었다. 제국주의와 퀴닌은 떼려야 뗄 수 없는 끈끈한 밀월 관계였다.

보어 전쟁

감염병이 창궐하며 고전한 영국

1899년부터 시작된 보어 전쟁Boer War, Anglo Boer War은 영국이 남아프리카 보어인들의 땅을 빼앗으며 시작되었다. 보어인은 남아프리카에 이주한 네덜란드인들의 자손을 뜻한다. 남아프리카에서 금과 다이아몬드 같은 귀한 자원이 발견되자 영국은 탐욕을 감추지 않고 보물이 묻힌 땅을 빼앗기 위해 군대를 동원하였다.

그런데 영국군은 이 전쟁에서 예상치 못하게 고전했다. 보어인의 저항이 만만치 않기도 했거니와, 군대 내에 장티푸스가 돌며 전력 손실이 발생했기 때문이다. 장티푸스 병원체는 살모넬라균의 일종인 살모넬라 타이피균Salmonella typhi이다. 이 균에 오염된 물이나 음식을 섭취하면 장티푸스에 걸린다. 장티푸스 환자는 발열과 설사 또는 변비로 고생하고 증상이 악화되면 사망할 수 있다.

장티푸스는 고대부터 존재하던 역병인데 19세기 들어서까지 맹위를 떨쳤다. 전쟁이 잦은 시기에는 늘 장티푸스가 기승을 부렸다. 전쟁터에서는 깨끗한 물을 확보하기 어려웠고 오염된 물을 마시면 장티푸스에 걸릴 수 있었기 때문이다.

1861년에 시작된 미국의 남북전쟁에서도 병사들은 장티푸스로 고생했다. 장티푸스로 인한 사망자 규모를 두고 여러 가지 설이 있는데, 승리한 북군에서 약 35,000명, 패배한 남군에서 약 30,000명이라는 병사자가 나왔다는 자료가 있다.

장티푸스는 1898년부터 필리핀에서 쿠바 문제를 둘러싸고 벌어진 미국·스페인 전쟁에서도 유행했다. 이 전쟁에서 미국은 스페인에 승리했음에도 불구하고 장티푸스로 수많은 병력을 잃어야 했다. 장티푸스뿐 아니라 황열병과 악성 말라리아도 병사들을 덮쳤고 이에 따른 전력 소모가 말도 못할 정도였다. 미군 병사자 수는 전사자의 6배에 달했다.

보어 전쟁에서도 악명 높은 장티푸스가 영국군 막사를 휩쓸고 지나갔다. 보어 전쟁에 투입된 영국 병력은 약 20만 8,000명이었는데, 그중 57,000명 이상이 장티푸스에 걸려 그중 약 8,000명이 사망했다. 장티푸스 외의 감염병도 잊지 않고 영국군을 방문해 영국군 전체의 병사자 수는 11,000명을 넘어섰다.

사실 영국군은 장티푸스를 예방할 기회가 있었는데도 실패했다. 1880년 독일의 K. J. 에베르트가 이미 장티푸스 병원체를 규명하였고, 런던에서 콜레라가 대유행했을 때 오염된 식수가 콜레라의 원인이었음이 증명되었다. 영국군은 깨끗한 물만 확보했더라도 장티푸스를 예방할 수 있었을 것이다. 그러나 병사들은 오염된 강물을 그냥 마셨고 장티푸스에 걸렸다.

역병은 사람을 가리지 않았다. 영국군뿐 아니라 보어인 부녀자들도 장티푸스로 사망했다. 보어 전쟁은 강제 수용소의 시작으로도 알려져 있다. 영국군은 보어인이 사는 농촌을 불태웠고 살아남은 보어인 여성과 아이들을 강제 수용소로 몰아넣어 감시했다. 이 강제 수용소 안에서 약 2만 명의 보어인 여성과 아동이 병사했다.

영국군에게는 상황을 역전할 기회가 여러 번 있었지만 모두 놓쳤다. 1900년, 보어 전쟁이 한창이던 때 장티푸스 백신이 완성되었다. 영국군은 병사들에게 백신을 접종하려 했는데, 당시는 백신에 대한 불신이 심하던 시절이라 병사들이 백신 접종을 꺼리면서 감염 상황이 나아지지 않았다.

보어 전쟁을 통해 독일과 러시아는 영국이 더 이상 천하무적이 아님을 알게 되었다. 제국주의가 절정을 맞이한 시대, 독일과 러시아는 영국이 틀어쥔 패권을 빼앗기 위해 도전장을 내밀었다. 러시아가 노골적인 남하 정책을 전개할 때, 보어 전쟁으로 궁지에 몰린 영국에게는 러시아를 견제할 힘이 남아 있지 않았다.

파나마 운하의 개통

아프리카의 말라리아 대책이 가져온 패권 탈취

제1차 세계대전이 시작된 직후인 1914년 8월, 미국은 파나마 운하를 완공했다. 파나마 운하의 개통은 중미 지역에 대한 미국의 영향력을 확대해 주었고, 나아가 미국이 세계의 패권을 장악한 새로운 시대에 대한 예고였다.

미국의 성공 비결은 기술력과 자금 외에도 철저한 감염병 대책에 있었다. 파나마 운하가 위치한 파나마 지협地峽은 말라리아와 황열병이 맹위를 떨치던 지역으로, 이 질병을 다스리지 못하면 운하 개통은 언감생심인 일이었다.

미국이 파나마 운하 건설에 착수하기 전인 1881년부터 프랑스의 레셉스Lesseps(1805~1894)가 운하 건설에 도전했으나 완전히 실패하였다. 레셉스는 이집트에서 수에즈 운하를 건설한 경험이 있는 유능한 기술자이자 외교관이었다. 수에즈 운하를 건설하던 당시에는 콜레라가 기승을 부렸는데, 그때 레셉스는 힘든 싸움에서 승리를 거두었다. 그런 전력을 고려해 볼 때 파나마 운하의 건설도 충분히 승산이 보였으나 결국 실패한 것이다.

원인은 여러 가지였는데, 수에즈 운하 때의 건설 기술을 그대로 통용한 것이 무리였고, 자금 융통에도 문제가 생겼다. 그러나 무엇보다도 레셉스의 발목을 잡았던 건 말라리아와 황열병이라는 감염병이었다.

말라리아와 황열병은 모두 모기가 매개체인 감염병이다. 파나마 지협에는 정글과 습지대가 많다. 정글과 습지는 모기가 번식하기 좋은 환경이었기에 많은 노동자가 모기에 물려 말라리아와 황열병에 걸렸다. 천하의 레셉스도 포기하고 철수한 운하 건설에 도전장을 내민 것은 미국이었다.

미국 역시 공사 초기에는 말라리아와 황열병으로 고전을 면치 못했다. 하지만 미군은 미국·스페인 전쟁에서 쿠바의 황열병으로 몸살을 앓으면서 철저한 방역 체제를 갖추고자 필요한 자원에 대한 투자를 아끼지 않고 있었다.

19세기 후반, 말라리아를 일으키는 건 말라리아 원충으로 학질모기가 병을 옮기는 매개체라는 사실이 밝혀졌다. 남은 적은 황열병뿐이었다. 미국은 1900년에 황열병 대책으로 황열병 위원회를 발족시켜 도시에서의 발병 요인이 주로 이집트숲모기에 의한 것임을 규명했다. 황열병 병원을 명확히 규명한 건 조금

더 나중의 일이나, 말라리아와 황열병을 옮기는 매개체가 모기라는 부분까지는 인지하게 된 것이다.

이러한 연구를 바탕으로 미국은 파나마 운하 건설 지대의 모기 박멸에 착수했다. 파나마시와 콜론시 일대를 철저하게 청소하고 모기 유충인 장구벌레 발생원을 없앴다. 또 위생 경찰단을 조직하여 마을에 모기 발생원이 없는지 방문 순찰했다. 모기 서식지 관리에 소홀한 가정이 적발되면 벌금을 부과하였고, 일반 시민들도 모기 퇴치에 열을 올리기 시작했다. 또한 모기의 서식지가 될 수 있는 수풀을 태워 없앴고, 연못과 늪 등 물이 고일 수 있는 웅덩이란 웅덩이에는 죄다 장구벌레를 잡아먹는 담수어인 모기송사리Gambusia affinis를 방류했다. 모기송사리를 방류할 수 없는 웅덩이에는 기름을 부어 장구벌레 번식을 봉쇄했다.

또 미국은 노동자 숙소에 모기장을 쳐서 자는 도중에도 모기에 물리지 않도록 예방하였다. 어쩔 수 없이 화물 수송 차량에서 숙직해야 하는 노동자를 위해서는 모기잡이를 고용해 밤낮으로 모기를 잡게 했다. 미국이 수단 방법 가리지 않고 모기 박멸에 나서자 성과가 나타나기 시작했다. 황열병 발병이 감소한 것이다. 1906년이 되면 황열병 사망자가 고작 1명이 나왔고, 말라리아 감염률도 10% 이하로 떨어졌다.

미국의 모기 박멸 작전은 그렇게 파나마 운하 개통의 길을 열었다. 신흥국 미국은 파스퇴르를 낳은 과학 대국 프랑스도 성공하지 못했던 감염병 봉쇄 정책을 멋지게 성공해 내며 미국이라는 나라의 실력을 전 세계에 과시할 수 있었다.

나중에 다시 자세히 살펴보겠지만, 태평양 전쟁에서도 미국의 수준 높은 방역 대책은 빛을 발했다. 두 번의 대전을 거치면서 미국은 세계의 패권국 자리에 우뚝 섰는데, 파나마에서 보여준 감염병 대책이야말로 미국의 장밋빛 앞날에 대한 예고였다.

교향곡 제6번 비창과 차이코프스키의 사인

19세기의 콜레라 대유행은 적지 않은 유명인의 목숨을 앗아갔다. 두 번째 대유행 국면에서 독일의 철학자 헤겔Hegel(1770~1831)과 러시아의 탐험가 바실리 골로브닌Vasily Golovnin(1776~1831)이 유명을 달리했다.

다섯 번째로 유행하던 때에는 러시아의 작곡가 차이콥스키 Tchaikovsky(1840~1893)가 쓰러졌다. 그의 유작이 된 교향곡 제6번 비창이 초연되고 아흐레 후의 일이었다. 사망 초기에는 그의 사인이 콜레라가 아니라고 알려져 온갖 억측이 난무하기도 했다.

차이콥스키의 교향곡 제6번은 교향곡 역사에서 한 획을 그은 작품이다. 화려하게 마무리되어야 할 마지막 악장을 절망과 실의를 담아 불길하게 통곡하는 듯한 분위기로 고요하게 끝맺은 것이다. 이를 두고 차이콥스키가 본인의 죽음을 예견하고 작곡한 것이라는 추측이 나돌았다. 그는 동성애 성향이 있었는데, 러시아 정교회가 동성애를 죄로 간주해 자살했다는 소문도 돌았다. 어쨌든 작곡가의 갑작스러운 죽음이 엮이며, 신비로운 분위기의 교향곡 제6번을 신성시하는 풍조가 생겨났다.

최근의 연구로 차이콥스키의 사인이 콜레라라는 사실이 밝혀졌다. 그러나 원인이 무엇이든 그의 돌연사는 교향곡 제6번에 깃든 신비로운 분위기와 함께 듣는 이의 상상력을 자극하며 감상에 젖게 만든다.

6장

방역 체제를 구축한 인류는 왜 다시금 팬데믹의 습격을 받았나?

제1차 세계대전

발진 티푸스가 장기화시킨 전쟁

1914년에 시작된 제1차 세계대전은 유럽의 번영과 패권을 땅에 떨어지게 만들었다. 대전에 참전한 영국, 프랑스, 독일, 이탈리아, 러시아 등의 강국은 과거의 힘을 잃었다. 또한 이 전쟁에는 감염병의 그림자가 짙게 드리워져 있었다.

제1차 세계대전의 실상은 지루한 참호전의 연속이었다. 대포와 기관총이 난무하는 참호전이 예상 외로 4년 넘게 이어지면서 강대국의 국력이 잠식되었다. 특히 프랑스·영국 연합군과 독일군이 맞붙은 서부전선은 길게 뻗은 참호 안에 틀어박힌 병사들이 끝을 모르는 전투를 이어가야만 했다.

비참하고 지긋지긋한 참호전이 끝나지 않았던 건 역설적으로 각국이 방역 체제를 적극적으로 가동했기 때문이었다. 특히 서부전선에서 맞붙은 나라들은 발진 티푸스 대책을 마련하여 참호에 주둔한 병사들을 발진 티푸스로부터 지켰다.

발진 티푸스는 나폴레옹의 제국을 무너뜨린 무서운 감염병이었다. 발진 티푸스는 이가 들끓는 비위생적 환경에서 창궐하는데 위생 상태가 열악한 수준을 넘어 참혹한 전장에서 특히 피하기 어려웠다. 발진 티푸스가 참호를 휩쓸고 지나가면 참호에 있던 병사들은 대포와 총기 앞에 쓰러지기 전에 발진 티푸스로 먼저 사망했다. 발진 티푸스 환자가 주기적으로 발생하면 군 내부에는 혼란이 가중되고 참호전을 유지하기 힘들어진다.

만약 독일군 참호에서 발진 티푸스가 돌았다면 독일군은 참호를 포기하고 철수할 수밖에 없었을 것이다. 마침내 전선은 붕괴되고 독일군의 항복 선언은 빨라졌을 것이다. 그랬더라면 영국군과 프랑스군의 전사자 수도 줄고 경제적 손실의 최소화도 가능했을 것이다.

반대로 영국과 프랑스 진영에서 발진 티푸스가 유행했다면 양군은 발진 티푸스에 대한 대책 마련에 분주해져 전쟁을 수행하기 어려웠을 것이다. 그러면 조기에 평화가 성립하여 피해를 상당 부분 억제할 수 있었을 공산이 크다.

그러나 서부전선에서는 과거 나폴레옹을 굴복시킨 발진 티푸스의 대유행이 일어나지 않았다. 영국, 프랑스, 독일 모두 방역 체제를 가동했기 때문이다. 이미 물을 끓여 마시면 수인성 감염병을 예방할 수 있다는 사실을 알고 있었다. 남은 건 발진

제1차 세계대전 시대 유럽의 전황

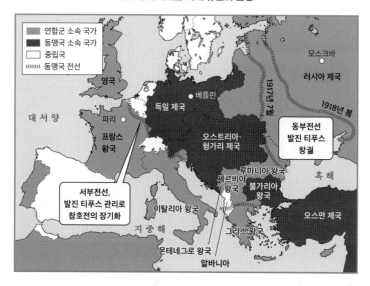

티푸스였는데, 제1차 세계대전이 터지기 직전인 1912년경에 이가 발진 티푸스의 매개체임을 알아냈다. 서부전선에 모인 각국의 군대는 막사와 참호를 말 그대로 이 잡듯 뒤져 이를 박멸했다. 병사들은 전선으로 향하기 전 군복에 이를 퇴치하는 약품을 살포하고 청결을 유지하도록 지시받았다. 그런 노력 덕분에 서부전선에서는 발진 티푸스로 병사들이 쓰러지는 일을 거의 볼 수 없게 되었다.

그런데 이것이 역설적이게도 상상할 수 없을 정도의 장기 참호전을 낳으며 전쟁의 양상을 오히려 비참하게 만들었다. 전쟁이 길어지자 목숨을 잃지 않아도 되었을 수많은 젊은이가 희생되었고 각국의 경제는 피폐해졌다. 제1차 세계대전이 끝났을 때, 영국과 프랑스, 독일에 남은 것은 좋았던 시절의 황폐화된 잔해뿐이었다.

한편 영국은 발진 티푸스 예방에는 성공했으나 장티푸스 예방에는 실패했다. 영국군 중 2만 명이 넘는 병사가 장티푸스와 파라티푸스에 걸렸고 1,000명 이상이 병사했다. 영국은 보어전쟁에서도 장티푸스로 쓴맛을 봤는데, 정신을 차리지 못하고 수많은 병사자를 냈다.

러시아 혁명

발진 티푸스 대책을 게을리한 차르의 권위 실추

제1차 세계대전 시대, 독일과 오스트리아, 러시아 등이 붙은 동부전선은 발진 티푸스 유행을 막은 서부전선과 사정이 판이하게 달랐다. 독일군과 오스트리아군은 이를 박멸해 발진 티푸스를 예방할 수 있었지만 두 나라와 맞서 싸우는 러시아군과 세르비아군에 발진 티푸스가 창궐했다. 발진 티푸스는 동부전선의 전황을 바꾸어놓았다.

발진 티푸스는 세르비아군에서 최초로 유행하였다. 1912년 12월, 세르비아군은 오스트리아군에 뼈아픈 일격을 당해 수세에 몰렸다. 세르비아군은 전열을 가다듬어 반격에 나서야 하는 상황이었으나 전투를 벌일 여력이 없었다. 세르비아군 내에 이미 발진 티푸스가 창궐하였고 일반 시민에게까지 퍼져 나가고 있었다. 세르비아군은 발진 티푸스를 잡지 못하며 오스트리아보다 우위에 설 기회를 놓쳐버렸다.

반면 오스트리아군은 신중했다. 세르비아에 굳이 반격하지 않고 방관했다. 세르비아 영내로 쳐들어갔다가 재수 없게 발진 티푸스에라도 걸릴까 두려워 최대한 몸을 사렸다. 러시아군에서는 발진 티푸스가 만성적인 돌림병으로 자리 잡았다. 러시아는 원래도 발진 티푸스가 수시로 발생하곤 했는데 제정 러시아는 이에 대한 대책이 거의 없었다. 평시에도 위협적이던 발진 티푸스는 전시가 되자 발생 건수가 기하급수적으로 증가했다. 러시아에서는 전쟁이 시작된 1914년 한 해에만 10만 건, 1916년에는 15만 건을 가뿐히 넘겼다.

러시아군이 발진 티푸스에 발목이 잡혀 독일군에 고전하던 동안, 전선의 병사들 사이에 전쟁이라면 넌덜머리가 난다는 분위기가 퍼졌다. 군 통수권자인 차르 니콜라이 2세(재위 1894~1917)가 몸소 전장에 나와 진두지휘를 했으나 전쟁에 대한 염증은 사라지지 않았고 발진 티푸스도 여전히 기승을 부렸다.

패색이 짙어지고 전쟁을 꺼리는 분위기가 만연하자 니콜라이 2세의 권위가 흔들렸다. 전쟁 전부터 이미 러시아의 경제 상황은 좋지 않았고 국내 경기는 침체 일로였다. 제1차 세계대전의 참전은 니콜라이 2세가 자신의 권위를 회복하기 위해 내린 결정이었으나, 권위를 회복하기는커녕 권위를 추락시키는 자충

수가 되고 말았다.

차르의 권위는 바닥을 모르고 곤두박질쳤고 시민의 불만이
한계에 달한 1917년 3월, 러시아에서 2월 혁명이 발발했다. 니
콜라이 2세는 퇴위 당하였고, 러시아의 로마노프 왕조는 그렇
게 막을 내렸다. 발진 티푸스가 러시아 왕가의 종말에 힘을 보
탠 셈이다.

러시아 내전

이를 박멸해 발진 티푸스를 예방한 레닌

1917년 3월에 발발한 러시아 혁명은 10월 혁명을 거쳐 볼셰비키를 이끄는 레닌이 정권을 장악했다. 하지만 레닌의 볼셰비키는 기껏해야 모스크바를 점거할 정도였고 러시아 전역을 장악하지는 못했다. 레닌의 반대 세력은 러시아 각지로 흩어져 러시아를 내전 상태로 몰고 갔다.

러시아 내전의 결과는 참혹했다. 총 사망자는 약 900만 명으로 추정된다. 그중 전사자는 약 100만 명, 500만 명 이상이 아사, 200만 명 이상이 역병으로 사망했다.

러시아 내전 시대에는 발진 티푸스와 콜레라, 말라리아, 이질 등이 골고루 창궐했다. 원래 러시아는 발진 티푸스를 비롯한 역병이 수시로 일어나는 풍토였다. 특히 1917년부터 1918년 사이에 발진 티푸스가 대유행하며 수많은 생명을 앗아갔다. 내전으로 국토가 황폐해지자 역병은 더욱 활개를 쳤다.

비참했던 러시아 내전의 승리자는 결국 레닌의 볼셰비키에 돌아갔다. 승리의 이면에는 레닌이 벌인 이 박멸 작전이 있었다. 레닌은 이를 퇴치해야 발진 티푸스를 잡을 수 있다는 사실을 잘 알고 있었다. "사회주의가 이를 쳐부수든지 이가 사회주의를 쳐부수든지 둘 중 하나다"라며 레닌은 죽기 살기로 이를 퇴치하라고 명령하였다. 볼셰비키는 발진 티푸스 환자를 격리하였고 철도역에 내린 승객을 강제로 목욕탕으로 몰아넣고 소독했다. 그렇게 이를 박멸하자 발진 티푸스를 억제한 볼셰비키에 활력이 돌게 되었다. 볼셰비키는 그 활력으로 공포 정치를 시작해 내전을 진압한 것이다.

1918년 스페인 독감

제1차 세계대전 당시, 군인의 국제적 이동이 초래한 팬데믹

제1차 세계대전이 종식 국면에 접어든 1918년, 스페인 독감이라고 불리게 된 인플루엔자 팬데믹이 시작되었다. 1918년에 시작된 인플루엔자 대유행으로 전 세계에서 약 5,000만 명 이상이 병사하였다.

인플루엔자의 병원체는 몇 종류의 바이러스이다. 인플루엔자는 천연두와 마찬가지로 공기로 감염된다. 인플루엔자에 걸린 사람이 콜록콜록 기침하거나 큰 소리로 말할 때 날아간 침방울을 맞은 사람이 신규 감염자가 될 수 있다. 또는 감염자가 터져 나오는 기침을 손으로 가렸다가 그 손으로 문고리나 난간을 잡으면 문고리나 난간이 감염원이 되어 감염이 확대될 수 있다.

사실 인플루엔자는 고대부터 존재하던 역병으로 1918년까지는 그다지 위력적이지 않았다. 감염률은 높아도 치사율이 그리

높지 않았다. 특히 젊은 사람은 인플루엔자에 걸려도 어지간해
서는 사망하지 않았다. 그런데 1918년의 인플루엔자는 그때까
지와는 완전히 다른 양상을 보였다. 감염력이 강한 데다 치사
율마저 높았다. 특히 젊은 세대의 치사율이 높아 인플루엔자로
사망한 환자 중 20대가 35%를 차지했다. 한창 혈기왕성한 나
이의 청년들이 검불처럼 쓰러지자 전 세계는 인플루엔자 공포
에 떨었다.

1918년 인플루엔자의 유행원을 두고 여러 설이 있다. 1918년
인플루엔자의 별명은 스페인 독감인데, 이름과 달리 스페인에
서 시작된 것은 아니다. 전문가들은 미국 캔자스주의 군사 기지
에 복무 중이던 한 병사를 1호 환자로 의심하고 있다.

제1차 세계대전이 끝나기 전인 1917년, 미국은 독일을 쓰러
뜨리기 위해 유럽 파병을 결정했다. 미국 중서부에 자리 잡은
캔자스주 군사 기지에는 미국 전역에서 모여든 청년들이 훈련
에 임했다. 그중 한 사람이 최초 감염되었고 1918년 봄이 되자
감염은 기지 안에서 스멀스멀 퍼져 나갔다.

기지 안에서 다수의 환자가 나왔음에도 불구하고 캔자스
주 군 당국은 훈련을 중지시키지 않았고, 훈련을 마친 병사들
은 북프랑스로 향했다. 감염된 미국 병사는 영국, 프랑스 병사
와 합류했고 인플루엔자는 영국군과 프랑스군 내부로 퍼져 나

갔다. 그 병사들이 각자 고국으로 귀국하자 이번에는 영국과 프랑스에서도 인플루엔자가 대유행하기 시작했다.

미군 기지 발원설 이외에도 북프랑스에 주둔하던 영국군 병사가 1호 감염자라는 설도 있다. 누구의 주장이 옳든, 제1차 세계대전 시기 각국의 병사들이 바다를 건너 와 북프랑스에서 공동 전선을 형성한 것이 계기가 된 것은 사실이다. 다국적군이 모인 현장에서 감염병이 퍼지자 유행은 전 세계로 확대되었다. 1918년의 인플루엔자는 공전의 전쟁인 제1차 세계대전이 낳은 재앙이었다.

1918년 인플루엔자가 대유행했을 때 확산을 막지 못했던 데는 몇 가지 이유가 있다. 전시라는 비상사태에서 감염병이 유행하다 보니 아무래도 예방과 차단에 효과적으로 대응하지 못했다. 또한 1918년의 인플루엔자는 전시에 정보가 통제되는 상황 속에서 올바른 정보가 제대로 전달되지 않아 일을 키웠다. 호미로 막을 것을 가래로 막으며, 스페인 독감이라는 감염병은 전 세계로 퍼져 나갔다.

미국에서는 1917년에 미국 정부를 비방, 중상, 모함하는 기사를 작성할 수 없다는 방첩법Espionage Act을 제정해 언론 통제에 나섰다. 영국과 다른 나라에서도 비슷한 법률이 제정되며 언론에 재갈을 물렸다. 전쟁을 수행하기 위해서는 국민을 선동

스페인 독감 유행 당시 미국의 시애틀. 마스크를 착용하지 않은 승객이 승무원에게 승차를 제지당하고 있다.

하는 기사가 필요했고, 한편으로는 국민을 불안과 공포에 빠뜨리는 기사를 작성하지 못하도록 언론을 통제했다.

당시 각국의 언론 매체는 정부 방침을 충실히 이행했다. 인플루엔자가 심상치 않은 기세로 퍼져 나가는데도 정식으로 취재해 정확한 정보를 전달하는 기사를 쓸 수 없었다. 언론 통제가 이루어지며 각국 국민은 인플루엔자의 무서움을 알지 못했고, 무방비한 상태로 인플루엔자에 노출되며 감염이 폭발적으로 확대되었다.

1918년 인플루엔자가 스페인 독감이라는 이름을 얻은 배경에도 언론 통제라는 독소가 숨어 있다. 스페인은 중립국이었기에 언론을 통제할 필요가 없었다. 인플루엔자가 스페인에 입성했을 때 스페인에서는 국내에서 발생한 인플루엔자 관련 소식을 자유롭게 취재하여 기사로 타전했다.

스페인에서는 1918년 5월까지 800만 명이 인플루엔자에 걸렸고, 스페인 언론은 이 소식을 대대적으로 보도했다. 스페인 신문을 읽은 각국 정부는 인플루엔자를 스페인발 유행으로 보이도록 교묘하게 포장했고, 스페인 독감이라는 이름이 대중에게 알려졌다. 언론의 자유를 통제하지 않았던 스페인이 억울한 누명을 뒤집어쓴 꼴이다.

1918년 인플루엔자는 강한 독성으로 수많은 인명을 희생시켰으면서도 밀물처럼 들어와 썰물처럼 빠져나갔다. 감염력이 너무 강해 대유행이 빠른 속도로 정점에 도달하여 예상보다 빠르게 종식된 것이다. 세계는 1918년의 인플루엔자를 경험함으로써 어느 날 갑자기 찾아오는 팬데믹의 공포를 알게 되었다. 1918년의 인플루엔사로 머나먼 대륙에서 발생한 감염병이 무서운 속도로 자국을 강타할지 모른다는 두려움이 사람들 속에 자리 잡기 시작했다.

멕시코의 황열병 예방 사업

록펠러 재단의 정성이 누그러뜨린 멕시코의 반미 감정

감염병을 다스리는 자가 세계를 제패하는 시대, 감염병을 막으려는 기술과 노력은 외교력의 한 축을 담당하게 되었다. 미국 록펠러 재단이 추진한 멕시코 황열병 예방 사업이 이 사실을 잘 방증해 준다.

미국과 멕시코는 옛날부터 사이가 썩 좋지 않았다. 미국이 멕시코 영토를 빼앗은 역사가 있기 때문이다. 적지 않은 멕시코인들이 미국인에게 좋지 않은 감정을 품고 있었다. 양국의 관계가 그리 우호적이지 않던 1910년대, 록펠러 재단은 멕시코에서 유행하는 황열병을 퇴치하자는 운동에 자청했다. 멕시코 정부는 록펠러 재단의 신청을 거부했으나, 록펠러 재단의 삼고초려에 마지못해 신청을 받아주었다. 1920년 록펠러 재단은 황열병을 퇴치하기 위해 멕시코 특별위원회를 조직하고 현지답사에 나섰다.

록펠러 재단은 물론 꿍꿍이가 있었다. 멕시코 국민을 황열병에서 지켜준다는 인류애는 그럴듯한 포장이었고, 실상은 재단의 이익에 걸림돌이 되는 장애물을 처리하기 위한 일종의 투자였다. 록펠러 재단은 스탠더드 오일Standard Oil Co.의 소유주였고, 스탠더드 오일은 멕시코에서 대규모 유전을 운영 중이었다. 록펠러 재단은 황금알을 낳는 거위인 멕시코 유전 사업을 위해 위험한 황열병을 예방할 필요성이 있었다.

실제로 록펠러 재단이 돈을 쏟아부어 창설한 멕시코 특별위원회는 1년 만에 성과를 냈다. 파나마 운하 건설에서 미국이 도입한 방법을 학습해 민가 부지를 일일이 찾아다니며 모기 서식지를 없앴다. 덕분에 멕시코 황열병 환자는 1년 만에 80%나 감소했다. 멕시코 특별위원회의 세균학 연구자가 황열병으로 쓰러져 목숨을 희생한 대가였다.

록펠러 재단이 추진한 멕시코 황열병 예방 사업은 멕시코인이 미국에 대해 인식을 개선하게 한 효과도 있었다. 멕시코인들은 예전만큼 미국을 적대시하지 않게 되었고 우호적으로 바라보는 사람도 나타났다. 멕시코 정부는 황열병으로 쓰러진 연구자에게 국장을 치러주며 감사를 표했다.

록펠러 재단은 멕시코에서 황열병 예방 사업을 벌인 후에도 황열병에 대한 연구 지원을 계속했다. 록펠러 연구소에는 일본의 세균학자인 노구치 히데요(1876~1928)도 연구원으로 근무하였다. 1928년에 노구치 히데요는 황열병 연구를 마치지 못하고 쓰러졌으나, 1936년 록펠러 연구소 소속 바이러스 학자인 남아공 출신의 막스 타일러Max Theiler(1899~1972)가 황열병 백신을 완성하였다. 그는 1951년에 황열병 연구로 노벨 생리학·의학상을 받았다.

황열병 바이러스는 원래 아프리카 정글에 사는 원숭이를 숙주로 삼는다. 아프리카에 서식하는 모기와 각다귀류의 흡혈 곤충들이 원숭이에게서 원숭이로 황열병 바이러스를 옮기고 다닌다. 정글에 있던 황열병 바이러스의 숙주인 원숭이 중 붉은꼬리원숭이Cercopithecus ascanius는 인간의 경작지까지 진출해 작물을 훔쳐 먹고 밭을 망쳐놓곤 하는데, 이 말썽꾼 원숭이의 주위로 아프리카흰줄숲모기Aedes africanus가 날아다니다가 이 모기를 통해 사람이 옮을 수 있다. 이 모기에 물린 사람이 도시로 나오면 이번에는 이집트숲모기가 매개체가 되어 도시에서 감염이 확대된다. 록펠러 연구소는 이러한 일련의 연쇄 작용을 해명했다.

제2차 세계대전

페니실린 개발이 가져온 연합군의 승리

1939년에 시작된 제2차 세계대전에서는 미국, 소련, 영국 등의 연합군이 일본, 독일, 이탈리아를 격파했다. 미국과 소련이 보유한 압도적인 화력이 승부를 결정했다. 그리고 연합군 승리의 그늘에는 조용한 전쟁 영웅, 페니실린이 숨어 있다.

페니실린으로 대표되는 항생제는 병의 원인이 되는 세균과 바이러스의 성장을 저해하는 작용으로 수많은 감염병 퇴치에 재능을 발휘한다. 디프테리아균, 파상풍균 등이 페니실린 앞에서 힘을 잃었다. 여태까지 인류가 손에 쥔 감염병 특효약은 기껏해야 말라리아 처방제인 퀴닌과 나머지 자잘한 약품들로 효과가 미미했다. 페니실린은 유례를 찾을 수 없는 감염병 특효약으로 자리매김했다.

페니실린은 영국의 세균학자인 알렉산더 플레밍Alexander Fleming(1881~1955)이 개발했다. 1929년 플레밍은 푸른곰팡이에서 얻은 성분으로 페니실린을 개발했는데, 양산에는 실패해 실용화까지는 시간이 걸렸다. 1943년이 돼서야 미국에서 대량 생산이 가능해졌고 전쟁의 승패를 가르는 일등공신이 되었다.

제2차 세계대전이 발발하자 페니실린의 대량 생산에 거는 기대가 커졌다. 페니실린이 부상병 치료에 큰 힘을 발휘할 걸 알고 있었기 때문이다. 상처를 치료하지 않고 그대로 두면 상처에 감염이 일어나 사망할 수 있다. 페니실린이 미군과 영국군에 보급되자 부상병 사망률이 줄어들기 시작했다. 페니실린의 보급은 미군과 영국군의 사기를 끌어올렸다. 반면 독일과 일본은 페니실린을 비롯한 항생제를 거의 확보하지 못하여 한 걸음 한 걸음 패배에 가까워지게 되었다.

태평양 전쟁

과달카날섬, 뉴기니에서 승패를 가른 말라리아

제2차 세계대전의 향방을 결정한 약은 페니실린이었다. 그러나 태평양 전쟁에서 페니실린 이상으로 전쟁의 승패를 결정한 캐스팅 보트 역할을 한 약은 퀴닌이었다.

퀴닌은 말라리아의 특효약으로, 퀴닌을 비롯한 항말라리아 제제를 어떻게 대량으로 조달할지가 전쟁의 승패를 가를 관건으로 떠올랐다. 또한 말라리아 원충의 숙주인 학질모기를 어떻게 박멸할지도 중요해졌다. 이 지점에서 미국과 일본의 결정적 차이가 드러났다.

태평양 전쟁의 전환점이 되는 전투는 1942년에 벌어진 과달카날섬 전투와 뉴기니 전투였다. 두 전투 모두 말라리아가 맹위를 떨치는 지역에서 벌어져 미군과 일본군은 적군과 싸워 승리하기 전에 말라리아와의 전투에서 이길 필요가 있었다.

미군은 말라리아 예방과 치료 대책을 철저하게 준비하였다.

미국은 퀴닌을 비롯하여 대량의 항말라리아 제제를 조달해 전장으로 공수하였다. 또 파나마 운하를 건설하며 익힌 모기 퇴치법을 과달카날섬 전투와 뉴기니 전투에 응용하였다.

당시 이미 강력한 살충제인 DDT가 개발되어 미군은 DDT를 살포해 모기를 박멸했다. 병사들은 말라리아의 매개체인 모기를 조심하라는 교육을 받았고 위생 교육도 철저히 받았다. 또 현지에서 모기를 채집해 어떤 모기가 말라리아를 옮기는지를 연구했다.

대규모 인원과 자원을 동원해 말라리아 대책을 세웠음에도 불구하고, 미군은 말라리아를 비롯한 각종 감염병으로 고생을 하였다. 그러나 말라리아는 더 이상 미국의 전력을 반감시키는 결정타가 되지 못했다.

반면 일본군은 식량도 제대로 조달받지 못해 주린 배를 부여 잡고 말라리아와의 사투를 치러야 했고 이런 상황에서 전투 승리는 엄두도 내지 못할 지경이었다. 굶주림과 감염병이라는 이중고에 시달린 일본군도 나름대로 말라리아 대책을 세우기는 했다. 전쟁 초기에 인도네시아를 공격해 퀴닌 원료의 생산지인 자바섬을 손에 넣은 것이다. 이어 과달카날섬에 퀴닌을 보급하였으나 전투가 격화되면서 제대로 보급이 이루어지지 못했고 병사들은 말라리아에 걸려 시름시름 앓다 목숨을 잃기 일쑤였다.

과달카날섬 전투에서는 섬 주변 해역의 제해권과 제공권 확보가 최대 관건이었다. 둘 중 한 나라가 제해권을 탈취하고 해상 봉쇄에 나서면 적의 수송선 접근이 난항을 겪으며 무기와 탄약, 식량, 퀴닌 등의 약품 보급로가 끊어질 수밖에 없었다. 일본 해군도 항모 부대를 운용해 과달카날섬 해상 봉쇄를 시도했으나 미 해군의 항모 부대가 반격에 나섰다. 두 나라는 교전을 벌였고 일본 해군은 해상 봉쇄에 실패해 미군의 해상 봉쇄를 허용하고 말았다. 결국 과달카날섬의 일본군은 퀴닌 없이 전투에 나서야 했다.

열대에서 퀴닌이 없는 군대는 싸울 수 없다. 군대는 말라리아 환자 소굴로 변했고 병사들은 죽을 날을 받아놓고 기다리는 상황이었다. 일본군은 기아와 말라리아에 굴복해 전쟁에 패했다.

미국은 미국·스페인 전쟁에서 말라리아 대유행을 경험하며 말라리아를 학습했고 파나마 운하 건설 과정에서 모기 퇴치 방법을 익혔다. 또한 록펠러 연구소가 감염병 연구에 투자와 지원을 아끼지 않아 제2차 세계대전에서는 감염병을 제패한 초강대국이 될 수 있었다.

반면 일본군은 말라리아에 미군만큼 조직적이고 치밀하게 대응하지 못했다. 대만을 제외하면 일본군은 말라리아를 경험한 적이 없었다. 열대 지역에서의 전투는 몇 년 전까지는 상상도 할 수 없는 일이었던 것이다. 일본군은 그렇게 말라리아에 굴복해 강대국으로 올라서는 대열에 합류하지 못하고 탈락했다.

발진 티푸스로 세상을 떠난 안네 프랑크

안네 프랑크Anne Frank(1929~1945)라는 이름은 제2차 세계대진 딩시 나치의 홀로코스트Holocaust에 희생된 소녀로 전 세계에 알려져 있다. 안네가 강제 수용소의 가스실에서 죽임을 당했다고 아는 사람이 많은데, 사실 그녀는 발진 티푸스로 숨졌다. 발진 티푸스로 사망한 건 안네뿐만이 아니었다. 수많은 유대인이 수용소에서 발진 티푸스로 사망했다.

이가 매개체인 발진 티푸스는 20세기 제1차 세계대전 당시 동부 전선에서 유행하였고, 그 후 러시아 내전에서도 대유행했다. 아우슈비츠 수용소로 대표되는 강제 수용소는 주로 폴란드에 세워졌다.

폴란드는 옛날부터 발진 티푸스가 자주 발생하던 지역이었고, 환경이 열악하고 위생 상태가 불량한 강제 수용소에 이가 들끓으며 발진 티푸스가 맹위를 떨친 것은 어찌 보면 당연한 수순이었다. 수용소를 감시하던 독일군은 수용소에 갇힌 유대인들이 발진 티푸스에 걸리든 말든 알 바가 아니었기에 발진 티푸스가 창궐해도 예방과 치료는커녕 그저 내버려 둘 뿐이었다.

안네 프랑크는 독일의 베르겐 벨젠 강제 수용소에서 세상을 떠났으나, 그곳으로 이송되기 전에는 아우슈비츠 수용소에 있었다. 아우슈비츠에서 이에 물렸거나 이와 함께 베르겐 벨젠으로 이동했다가 그곳에서 감염되었을 수도 있다.

강제 수용소는 수용 인원을 한참 초과한 과밀 상태였고, 변변한 식사도 배급되지 않았으니 수용자들의 영양 상태는 최악이었다. 발진 티푸스가 돌기 좋은 환경에서 안네 프랑크의 언니인 마르고트 프랑크도 발진 티푸스로 세상을 떠났다. 안네 프랑크도 아우슈비츠에 수용된 수많은 유대인과 마찬가지로 굶주림과 발진 티푸스로 숨졌다.

인구 폭발의 시대

DDT가 박멸한 말라리아와 발진 티푸스

제2차 세계대전이 끝난 후, 세계 인구는 폭발적으로 증가했다. 1927년 당시 세계 인구는 20억 명 정도로 추정된다. 그러다 전쟁이 끝나고 얼마 지나지 않은 1950년에는 25억 명으로 늘어났고, 1960년에는 30억 명으로 폭증했다. 1974년에는 40억 명을 넘어섰고 1987년에는 50억 명을 돌파했다. 전쟁이 끝나고 불과 40년 만에 세계 인구는 두 배 넘게 증가했다. 19세기까지는 상상도 할 수 없었던 인구 증가 추세였다.

제2차 세계대전 후의 인구 폭발은 공중위생의 진화가 크게 이바지했다. 그중에서도 말라리아 퇴치 작전이 차지하는 지분이 컸다. 제2차 세계대전 무렵까지 말라리아 대책은 사람의 손으로 모기를 잡고 증상이 나타나면 퀴닌을 처방하는 식이 전부였다. 그런데 강력한 살충제인 DDT가 등장한 것이다.

DDT는 19세기 후반 오스트리아의 화학자 오트마르 자이들러Othmar Zeidler가 합성한 물질인데, 처음에는 뚜렷한 효능을 발견하지 못해 오랫동안 연구실 선반에서 먼지를 뒤집어쓰고 방치되었다. 그러다 1937년에 스위스의 화학자 파울 헤르만 뮐러Paul Hermann Muller(1899~1965)가 DDT에서 살충 효과를 발견하여 세계인의 이목이 집중되었다.

제2차 세계대전 와중에 미군은 DDT를 활용해 모기를 잡았는데, 전후에는 세계 각국에서 살충제로 사용하게 되었다. 특히 말라리아가 기승을 부리는 나라에서는 DDT를 적극적으로 살포해 대대적으로 모기 소탕 작전을 수행했다.

말라리아 원충의 매개체인 학질모기도 DDT 앞에서는 맥을 추지 못했고 학질모기는 세계 각지에서 씨가 말랐다. 학질모기가 줄어들면 말라리아 원충을 옮기는 매개체가 줄어든다. 세계 각국에서 말라리아 사망자가 크게 줄어들며 인구 폭발로 이어졌다.

또 DDT는 이를 잡는 데도 무척 효과적이었다. 이가 옮기는 발진 티푸스는 인간 사회에 커다란 위협이었고 수많은 인명을 앗아가는 무서운 감염병이었다. 이를 퇴치하자 세계는 발진 티푸스의 공포로부터 해방되었고 또한 인구의 증가로 이어졌다.

말라리아와 발진 티푸스의 퇴치로 인류는 그때까지 불가능하다고 여겼던 감염병 정복을 확신하며 안전을 확보했다고 믿었다. 그러나 말라리아 퇴치는 인류에게 새로운 감염병을 초래하는 원인이 되었다.

신종 감염병의 등장은 말라리아 퇴치에서 비롯된 인구 증가와도 관련이 있다. 세계 각지에서 인구가 증가하며 대규모 개발이 진행되었고 숲에 대한 벌채가 늘었다. 인류는 생존 영역을 확장하고 숲의 생태계를 파괴했다. 그 과정에서 여태까지 접촉하지 않았던 동물과의 접점이 생겼다.

앞으로 살펴볼 에볼라 출혈열과 2020년에 대유행한 코로나-19도 원래는 삼림에 서식하던 박쥐에서 유래한 바이러스로 추정된다. 인류가 삼림 깊숙이 들어가는 과정에서 지금까지 접촉하지 않던 동물과 접촉하여 새로운 바이러스를 인간 사회에 불러들인 것이다.

깊은 숲속에는 가공할 수의 학질모기가 서식하며 인류의 발길을 막고 있었기에 그동안은 에볼라 출혈열과 코로나-19라는 감염병을 알지 못하였다. 하지만 말라리아를 퇴치하고 인구가 폭발하면서 시작된 삼림 벌채가 운명의 장난처럼 인류를 새로운 감염병의 위기로 몰아넣었다. 인류가 삼림 개발을 멈추지 않는 한 미지의 감염병은 앞으로도 계속 인간 사회로 침투하여 새로운 팬데믹을 일으킬 것이다.

아프리카 대륙의 정체

청년의 미래를 빼앗는 HIV 감염

제2차 세계대전 후부터 1970년대에 걸쳐 세계, 적어도 선진 국과 중진국은 장밋빛 미래를 꿈꿀 수 있었다. 말라리아를 퇴 치하고 다른 감염병의 위협으로부터도 예전보다 훨씬 자유로워 졌기 때문이다. 인구는 급증하였고 인구 증가는 다시 경제 발 전을 가져왔다. 경제가 성장하면서 공중위생의 수준도 한층 높 아졌다.

그런데 1970년대 중반부터 세계는 새로운 감염병의 공포에 떨기 시작했다. 인간이 미지의 숲으로 발길을 들이며 그때까 지 접하지 못하던 새로운 감염병이 인간 사회를 습격했기 때문 이다.

신종 감염병의 습격은 에이즈AIDS의 출현에서 시작되었다. 후천 면역 결핍 증후군이라는 길고도 낯선 병명은 흔히 Acquired Immune Deficiency Syndrome의 머리글자를 따서 에이즈AIDS라 줄여서 부른다. 에이즈에 걸리면 인체의 면역 시스템이 파괴되어, 건강할 때라면 걸려도 자체 면역 체계로 충분히 막을 수 있을 병도 호되게 앓게 되어 문제가 발생한다. 폐렴이나 카포시 육종 등의 증상이 나타나며 상태가 악화되면 사망할 수 있다.

에이즈의 원흉은 인간 면역 결핍 바이러스HIV, Human Immunodeficiency Virus이다. HIV는 질 또는 항문을 이용한 성관계로 사람에게서 사람으로 감염된다. HIV 감염자가 자신의 감염 사실을 인지하지 못한 채 여러 남녀와 성관계를 맺으면 HIV 양성자가 증가한다는 점에서 매독과 흡사하다. 성관계 외에, HIV에 오염된 주삿바늘이나 주사기를 여러 사람이 돌려쓰는 과정에서 감염될 수도 있다. 또 임신과 출산 과정에서 모자 감염이 일어날 수 있다.

HIV와 에이즈는 1981년 미국에서 최초로 보고되었는데, 그 이전부터 HIV 감염자가 존재했던 것으로 여겨진다. HIV와 비교적 가까운 감염체를 지닌 동물은 아프리카 대륙에 서식하는 침팬지를 비롯한 영장류로 추정된다. 실제로 침팬지에서 HIV를 빼닮은 SIV(Simian Immuno-deficiency Virus, 원숭이 면역 결핍 바이러스)가 검출되었다. 아프리카에는 침팬지를 사냥해서 먹는 부족이 있는데, 이들이 침팬지를 사냥하고 요리하는 과정에서 사람에게 감염이 일어난 것으로 추정된다.

일단 사람이 감염되면 그 전파 속도는 매독에 버금갈 정도로 빠르다. HIV는 세계로 퍼져 나갔고 2018년 기준으로 전 세계 감염자는 약 4,000만 명으로 집계되었다. HIV 감염자가 급격하게 증가한 이후 감염률이 가장 빠르게 치솟은 지역은 사하라 사막 이남의 아프리카 대륙이었다. 2012년 기준으로 HIV 감염자가 가장 많은 나라는 남아프리카 공화국으로 600만 명이 넘는 양성자가 있다. 이 수치는 인구의 20%에 해당한다. 남아프리카 공화국 이외에도 아프리카 남부에는 HIV 감염자가 20%에 도달한 나라가 몇 곳이나 더 있다.

사하라 사막 이남의 HIV 감염자 중 아동 감염자가 200만 명 이상이라는 부분은 사태의 심각성을 더하고 있다. 대부분 모자 감염으로 HIV에 걸린 아이들이다. 높은 HIV 감염률, 아동 HIV 감염은 사하라 사막 이남의 아프리카 국가 발전에 걸림돌이 되고 있다. 아프리카는 부족사회의 특성이 강해 부족 간 대립으로 인해 국가 통합에 문제가 생기면서 분쟁이 끊이지 않는 곳이다. 여기에 HIV 감염이 확대된 것이다. 일단 HIV에 걸렸다는 사실을 알게 되면 청년일수록 미래를 빼앗겼다는 박탈감에 시달리며 자포자기하기 쉽다.

현재 선진국에서는 효과적인 약물이 개발되어 HIV 감염자도 AIDS 발병을 억제하며 생활하고 있다. AIDS는 예전처럼 인생을 포기해야 하는 절망적인 감염병은 아니다. 그러나 아프리카 국가에서는 해당 약품의 가격이 지나치게 고가라 그림의 떡이다. 게다가 HIV 감염을 억제해야 할 사회 시스템을 여전히 구축하지 못하고 있는 형편이다. HIV 확산을 수수방관하는 사이에 사하라 사막 이남 아프리카 국가들은 발전 경쟁에서 뒤처지며 정체 상태에서 벗어나지 못하고 있다.

사스(SARS)

새로운 위협의 서막

2003년, 세계를 급습한 신종 감염병 사스SARS가 출몰하였다. 사스, 즉 중증 급성 호흡 증후군의 발생원은 중국 광둥성으로 알려져 있다. 2002년 11월, 한 젊은 남성이 발병하였고 그가 거주하던 지역에서부터 감염이 시작되었다.

사스는 2003년 3월 무렵 중국 국경을 넘어 세계 각국으로 퍼져 나갔다. 광둥성에서 사스 치료를 담당하던 의사가 홍콩 호텔에 숙박하였는데, 호텔에는 수많은 외국인 투숙객이 체제 중이었다. 그 외국인들이 각자 본국으로 병을 가져가며 사스가 세계 각국으로 퍼져 나갔다. 21세기 항공 여행이 일상이 된 시대, 사스는 하룻밤 사이에 세계를 일주했다.

사스의 병원체는 사스 코로나바이러스다. 코로나바이러스는 1960년에 발견된 것으로, 사스 코로나바이러스는 그때까지 접하지 못한 신종 바이러스였다. 사스 코로나바이러스의 숙주는 관박쥐Rhinolophus ferrumequinum라는 추측이 제기되었다. 중국에서는 박쥐를 먹는 식문화가 있는데, 박쥐 포획과 조리 과정에서 바이러스에 노출되어 감염된 것으로 여겨졌다.

사스 코로나바이러스는 공기로 감염된다. 코로나-19 팬데믹 이후 자주 듣게 되는 3밀(밀폐 공간, 밀집 공간, 밀접 접촉) 환경에서 감염되기 쉽고, 감염자가 만진 문고리와 난간, 손잡이 등을 통해서도 감염될 수 있다. 이 부분은 2020년에 유행하기 시작한 코로나-19와 닮은꼴이다.

세계 각지에서 대유행하게 된 사스는 2003년 7월에는 거의 종식되었다. 감염자가 많았던 중국에서 과감한 대처로 사스 발생 초기에 봉쇄에 성공했던 것이다. 2003년은 장쩌민 정권에서 후진타오 정권으로 정권이 이행한 시기였다. 장쩌민 주석은 사스를 방관하는 자세를 보였으나 새로 정권을 잡은 후진타오 주석과 원자바오 총리가 발 빠르게 대처했다. 실권자인 주룽지 국무원 총리가 수완을 발휘하기도 했다. 위기의식이 높았던 주룽지 국무원 총리는 대담한 인사를 신속하게 단행해 사스 봉쇄 체제를 완비했다. 후진타오 주석과 원자바오 총리, 주룽지 국무원 총리의 집단 지도 체제가 힘을 발휘하며 사스는 중국 국내 봉쇄에 성공하였고 빠르게 종식되었다.

그러나 사스는 새로운 위협을 알리는 예고편에 불과했다. 코로나-19가 2020년 더욱 심각한 모습으로 전 세계에 출몰하여 세력을 과시한 것이다.

에볼라 출혈열

|

백신도 치료제도 없는 흉악한 바이러스

2014년에는 에볼라 출혈열이 등장해 우리가 사는 세계를 새롭게 위협하였다. 에볼라 출혈열Ebola hemorrhagic fever은 1976년부터 존재가 알려졌다. 에볼라 출혈열의 병원체는 에볼라 바이러스이다. 사람에게서 사람으로 감염되며, 이 바이러스에 감염되면 발열과 설사, 구토 증상을 겪고, 말기에는 입과 코, 눈, 항문 등 인체 곳곳의 구멍에서 피가 쏟아진다고 해서 출혈열이라는 이름이 붙었다. 에볼라 출혈열의 치사율은 50%에 달해 페스트와 맞먹는 위협적인 감염병이다.

연구자들은 아프리카 과일 박쥐를 에볼라 바이러스 감염원의 유력 후보로 꼽는다. 지역 주민들이 과일 박쥐와 어떠한 형태로든 접촉하여 사람 감염을 일으킨 것으로 보고 있다. 에볼라 출혈열이 최초로 발생한 지역은 아프리카 수단과 자이르(지금은 콩고 민주공화국)였다. 수단에서의 치사율은 53%에 육박하였고 자이르에서는 치사율이 88%에 달하여 공포의 신종 감염병으로 보도되었다. 자이르에서 에볼라 출혈열 발생지가 에볼라강 유역에 집중된 것이 이름의 유래이다.

에볼라 출혈열은 높은 치사율에 더해, 아직 백신도 치료제도 존재하지 않는다는 점에서 공포의 대상이 되고 있다. 이 질병은 환자를 돌보고 치료하는 과정도 녹록하지 않다. 에볼라 출혈열 환자의 혈액과 각종 체액을 맨손으로 만지면 에볼라 바이러스에 감염될 수 있다. 고도의 방역 시스템을 갖춘 병원이 아니면 에볼라 출혈열 환자 치료에 적합하지 않다. 자칫 실수라도 하면 의사와 간호사와 같은 의료진까지 에볼라 출혈열에 노출되어 사망할 수 있다.

에볼라 출혈열은 최초 유행 후 아프리카 대륙에 계속 머물다가 간헐적으로 발생을 반복했다. 그러다 2014년 서아프리카로 확대된 후에 미국과 영국, 이탈리아 등으로 번져 나갔다. 서아프리카에서 에볼라 출혈열을 치료하던 의료 관계자들이 귀국하며 유럽과 미국으로 이 병이 건너간 것이다. 의료 관계자들은 증상이 나타나기 전에 비행기에 올랐고 귀국 후에 발병했다. 유럽 각국과 미국에서는 에볼라 출혈열이 퍼질지 모른다는 공포가 확대되었다.

다행히 에볼라 출혈열은 세계로 확산되지는 않았지만, 서아프리카 지역에는 심각한 타격을 입혔다. 2014년부터 2016년에 걸친 유행으로 28,000명 이상이 감염되어 13,000명 이상이 사망한 것으로 보고된다. 에볼라 출혈열은 공기로 감염되기에 삽시간에 전 세계로 퍼져 나갈 가능성이 충분히 있다. 이 때문에 전문가들은 여전히 우려의 눈길로 바라본다.

코로나-19

코로나-19 종식 후에는 어떤 세상이 우리를 기다리고 있을까?

2020년, 세계는 코로나-19라는 신종 바이러스 감염병으로 아수라장이 되었다. 코로나-19COVID-19의 병원체는 SARS-CoV-2라는 신종 코로나바이러스다. 발원지는 중국 우한으로, 2019년 12월에 발병한 것으로 추정된다. 우한을 시작으로 코로나-19는 세계 곳곳으로 퍼져 나갔고, 수많은 감염자가 속출하였다. 2021년 8월 기준, 전 세계 감염자는 2억 명을 돌파하였고 사망자는 400만 명을 넘어섰다.

전문가들은 코로나-19의 병원체인 SARS-CoV-2의 숙주로 박쥐를 꼽고 있다. 2003년 사스 유행 국면에서 숙주가 관박쥐였듯, 2020년 현재에도 관박쥐속에 속하는 박쥐가 숙주로 의심되는 상황이다. 우한에서 최초로 발병한 집단 감염지는 살아 있는 동물을 사고파는 시장으로 알려졌다.

코로나-19가 전 세계로 퍼져 나간 건 중국 정부의 대응 속도가 느리고 허술했기 때문이다. 시진핑 정권은 2020년 1월 23일에 우한 봉쇄령을 내렸으나, 그 시점에 이미 바이러스는 중국 정부의 포위망을 벗어나 우한 밖으로 빠져나간 후였다. 중국에서 대규모 인구 이동이 발생하는 춘절 연휴는 봉쇄 다음 날인 1월 24일부터 시작되었다. 이미 감염된 사람들이 중국 국내와 해외 곳곳으로 대규모로 이동했고, 바이러스는 세계로 확산되는 양상을 멈출 수 없게 되었다.

시진핑 정권은 부정을 저지른 요인을 줄줄이 구속하는 반부패 운동을 전개하였고, 인공지능AI으로 국민을 감시하는 감시 사회를 만든 독재의 모습을 보였다. 하지만 시진핑 주석이 아무리 강력한 권력을 휘두르는 정치인이라고 해도 그가 민중에게서 춘절이라는 일 년에 한 번밖에 없는 명절을 제한하고 뺏을 길은 없었다. 민심이 멀어지면 권력을 잃을 수 있다는 사실을 잘 아는 중국 공산당 지도부는 위험한 도박을 벌일 생각이 없었다.

또한 2020년 중국 공산당 정권에는 2003년 사스에 대처한 주룽지 전 총리만큼 위기관리 능력이 뛰어난 지도자가 없었다. 결국 코로나-19 바이러스는 중국 국경을 넘어 세계로 퍼져 나갔다.

현재 코로나-19는 특효약이 없고 백신의 효과를 제한적으로 장담하는 상태이다. 세계 각국은 유행 확대를 억제하기 위해 도시를 봉쇄하고 외출 제한 명령을 내려 이동을 통제하고 있다. 사람과 물류의 이동을 제한하는 조치들은 각국의 경제와 세계 경제를 옥죄고 있다. 이미 국제 통화 기금IMF은 2020년 세계 경제의 성장률을 마이너스 4.9%로 추산했다. 이는 2000년대 리먼 브라더스 사태 당시 마이너스 0.1%를 훨씬 웃도는 암울한 수치이다.

코로나-19 사태는 언젠가 종식되겠지만, 이 신종 바이러스는 각국의 사회, 경제, 국민의 행동을 크게 뒤바꾸어 놓을 공산이 크다. 14세기 페스트의 대유행 이후 새로운 사회가 막을 올렸을 때와 마찬가지 현상이 발생할 수 있다.

코로나-19는 각국 정치 지도자의 역량을 시험하고 있다. 지금까지 국민의 인기와 지지를 얻은 지도자라고 하더라도 코로나-19 사태를 막지 못하면 앞으로의 정치 인생을 장담할 수 없게 된 상황이다. 반면 국민의 불만에 효과적으로 대처하면서 코로나-19 통제에 성공한 정치인은 지지율을 올릴 절호의 기회일 것이다. 코로나-19 사태는 각국에서 새로운 정권을 창출해 국제무대에서 권력 재편 작업이 시작될 수 있다.

기업의 모습도 달라졌다. 안타깝게도 기존 방식을 고수하는 중소기업과 영세 자영업은 도태의 길에 접어들 수 있다. 그러나 그 과정에서 완전히 새로운 방식의 신흥 기업, 개인 경영이 태동할 여지도 있다.

세계 각국에서 사람과의 접촉을 줄이는 재택근무가 자리를 잡을수록 사람들은 회사에 대한 소속감과 충성심을 잃어가게 될 것이다. 이와 반대급부로 기존에 해오던 불필요한 업무에서 해방된 완전히 새로운 인적 자원이 탄생할 수도 있다. 이러한 변화는 일하는 방식을 근본부터 바꾸어놓는 혁신으로 이어질 것이다. 개척 정신을 지닌 사람은 포스트 코로나 시대를 제압하게 될 것이다. 코로나-19 사태는 재앙임이 틀림없으나, 한편으로는 지금과는 다른 세상을 만나게 할 가능성의 문을 열어주었다.

처음 읽는
감염병의 세계사

초판 1쇄 인쇄 2025년 5월 26일
초판 1쇄 발행 2025년 6월 2일

지은이 나이토 히로후미
옮긴이 서수지
펴낸이 이효원
편집인 강산하
마케팅 추미경
디자인 페이퍼 컷 장상호(표지), 이수정(본문)
펴낸곳 탐나는책
출판등록 2015년 10월 12일 제 2021-000142호
주소 경기도 고양시 덕양구 삼송로 222, 101동 305호(삼송동, 현대헤리엇)
전화 070-8279-7311   **팩스** 02-6008-0834
전자우편 tcbook@naver.com

ISBN 979-11-94381-38-9 03900

* 값은 뒤표지에 있습니다.
* 잘못된 책은 구입하신 서점에서 바꾸어 드립니다.